如果可以早知道，你的人生就不會跌倒！

韓國百萬流量頻道主，針對網友糾結最多難題，教你在無法逃避的人際、理財、工作、心靈等人生戰場，先知先贏！

目次

前言

眼前的現實和心中所想像的理想，無時無刻都存在著差異。我們每天都在這種現實與理想的差異間，和自己打架、與世界爭鬥。人生就是這樣，如同一個真實的戰場，然而我們非但無法針對這場戰役事先做演練，甚至很多時候都沒有認真地沉思過。從小到大咬緊牙根努力念書，拚盡吃奶的力氣為就業做準備，然後好不容易得到了理想的工作機會，最後卻因為沒有留意人際關係而失利，一下子事業毀於一旦，前面多年的努力前功盡棄，這樣的例子比比皆是。即便每天早出晚歸，到頭來無論經濟層面也好，精神層面也罷，兩頭皆空。為什麼會這樣呢？到底是什麼地方出了錯？

透過本書，我想和你們聊一聊，不僅僅是眼前的現實，更重要的是關於這場必須身體力行的人生實戰。很遺憾，我們也不知道人生的終極解答是什麼，人生的這些事對於某些人來說，或許就只是簡單明瞭的觀察而已，但是在另一些人看來，卻可能像是荒誕離譜的無稽之談。事情的來龍去脈總是隨著「情況」而存在，人生唯一絕對的答案，其實只有自己能夠找到。即便如此，我們也是很幸運的了。我們一面經營著訂閱人數超過一百萬的 YouTube 頻道，一面向各個領域的專家學習，討論各式各樣的主題。通過這些學習與討論，篩選出一些人生的戰場上，每一個人都應該問自己的實際問題。

「工作做得好真的就能賺很多錢嗎？」

「年輕的時候就得多吃點苦嗎？」

「我們常聽到的那句『免費』，到底是什麼概念？」

「毅力很重要，但是要如何才能培養毅力？」

「人生只有一次，那麼最後的『死亡』到底有什麼樣的意義呢？」

「朋友在我們的人生中扮演著什麼樣的角色？」

「一週要工作多久才能踏上成功的路？」

「平凡的生活不過是一個簡單的夢想，但是真的能做到嗎？」

「讓人聽得舒服的說話關鍵是什麼？」

「我們什麼時候才能開始說自己老了？」

我們一直都很希望能用這樣的方式，跟大家一起討論各種不同的主題。所以透過各頻道收集了大家的留言和疑惑，統合與各位專家、高手們討論的意見，得出這些問題最好的解決對策、收錄成書。再次強調，這是「我們」認為的最好答案。如果事件發生時，當下整體情況和我們的前提假設相異，那麼解決方案就會有所不同。所以閱讀的時候一定要不要停下您的思緒，記得再三地反覆思考、一再咀嚼，希望各位讀者就當作是在和我們對話一樣，輕鬆閱讀本書就好。

我們抱著滿心的期待編寫了這本書，希望各位閱讀本書的瞬間，能夠成為未來人生的某個新契機。沿著那些成功人士留下的足跡向上游尋找，你會發現，那些成功的開端總是存在著某些契機。然而，令人驚訝的是那些成為契機的瞬間，大部分都比想像的還要更加渺小而不起眼。彷彿某件事成為了思想的種子，偷偷飄落在人生的一隅靜靜發芽。期盼《如果可以早知道，你的人生就不會跌倒！》能為各位的人生帶來百分之〇．一的不一樣，自此邁開步伐、成功激發潛力。我們計畫在 YouTube《新師任堂》和《交換場地》頻道上與更多的人進行更有系統的對話。

我們藉著這本書，開啟了一個更為寬鬆的網絡，肉眼看不見的這個網絡暗藏著巨大潛力。一個好的連結，就是當我們站在網絡的兩端，各司其職、淋漓發揮，也能為彼此帶來好的影響和刺激。雖然我們自己還有很多不足的地方，但是因為我們擁有那些故事、那些用自己的人生教導我們現實人生的老師們，支持著我們，於是終於完成了這本書。希望藉此將過去所學到的人生，通過這條寬闊的網絡與更多人分享、和你們一起成長。真心期望每一位本書的讀者，在閱讀之後，遇見人生最危機時刻，可以堅持不懈；當機會來臨時，擁有力量與智慧，勇敢邁開大步向前。

二〇二一年　夏

申榮俊

朱彥奎

人生第一守則：不搞砸就有機會

平凡的生活其實很困難

跟富翁學習富人的思考法

大學的崩壞

語錄：行動

培養毅力的三個方法

變老不等於長大

會做事的人vs會賺錢的人

人生千萬不要敗在「免費」上

語錄：思想

人生第一守則：不搞砸就有機會

人生就是實際的戰場。然而遺憾的是，人生沒辦法預習，即便能做到某程度或是意義上的練習，也絕對不會是免費的。我們都是還在呼吸、活生生的，所以很矛盾的是，這讓我們很難體會人生終將迎來結束的這個事實。但是時間卻一分一秒不停地流逝，所以人生只有一個非常重要的原則：別把它給搞砸了。神奇的是在今天以前，明明我們都還不認識彼此，這個哲學思維就已經是你和我的共同意識了。所以在這本書中將提到的內容，大部分的結論就是——具體地討論如何能夠不搞砸人生。那麼「搞砸」到底是什麼意思呢？

搞砸和失敗是不同層次的問題。搞砸是結論，而失敗是過程，所以兩者的屬性完全不同。如果過程中失敗了，同時事件也就此落幕，那就可以說是失敗之後以搞砸告終了；不過如果還能重新再開始挑戰，失敗當然就只是過程中的一部分而已。然而很可惜大多時候，我們都因為一次失敗，就錯以為木已成舟、覆水難收。

如果不想搞砸的話，好好地利用失敗尤為重要。事實上，雖然失敗的時候痛苦又孤單，但是只要能好好觀察並且善加利用，你會發現失敗其實不全都是壞處。換句話說，如果你能正確的建立一套面對失敗的系統，未來搞砸的機率就會大幅下降。

首先，失敗也是有程度上的差異。即使失敗，如果你仔細觀察，可能會在整體上，發現某部分小小的成功；相反地，如果你預先下好結論，認為失敗就糟了，那麼就很有可能會錯過那些成功的重要細節。所以，失敗之後必須仔仔細細地進行一次事後檢討，雖然多數時候失敗的實質意義所剩不多，但是在驗證上卻隱藏著豐富的寶藏。因為肉眼看不見，旁人無法對驗證層面所留下的產物加以評論，所以此時我們必須抓緊時間，趕緊收起面對失敗的負面情緒，認真回想整個過程中的收穫。我們的一生之中，失敗的經驗遠遠多過於成功，所以必須養成好習慣，從每次的失敗中過濾出收穫。

失敗是提醒我們修正計畫的信號，人類大多不會輕易改變，特別是當整體情況看似良好，且沒有出現任何問題的時候。由於人類傾向迴避損失和不安，「改變」會使我們感到痛苦，而以這個觀點來說，就再也沒有什麼信號比失敗還要更能刺激我們行動了。雖然大型的失敗的確可能成為致死毒藥，不過小型的失敗通常卻是良藥。也就是說，如果可以架設出一個不斷進行小型挑戰的環境，通過不斷經歷小型失敗，藉以收穫成長，就等於具體建構出一套不搞砸的系統。

不過也有一些負面的例子，有些人錯誤利用失敗的積極面，結果出現副作用，開始對失敗產生慢性的抗藥性。因為失敗時沒有氣餒、死死地撐過去了，結果就誤以為自己正在積累內力、不斷成長；然而，其實這種情況，我們應該要慎重檢視自己，是否正在重複同樣的錯誤、導致同樣的失敗。如果一樣的錯誤不斷重複，就無法累積寶藏。而且因為計畫沒有經過修正，整體而言，就無法朝著更好的方向發展。環顧四周，我們的周遭就隱約藏著許多人，他們像這樣以不正確的方式獲得精神上的勝利，然後一再重複那些不必要的失敗。

如果好好地瞭解失敗的屬性，那麼至少堅持的過程能夠輕鬆一點。不過現實依然重重地壓著我們，每一次的呼吸都讓人感到那麼艱難。我們在人間各處歷經磨難，而某天，當站在臨界點搖搖欲墜時，能夠緊緊抓住我們的最後一根救命繩，就是咬著牙堅持的終點——我們的目標。雖然目標聽起來像是一個十分陳腐的說詞，不過卻比任何事情都更為重要。如果你想知道目標到底有多重要，只要試著想像一個最糟糕的情況就可以了：假設你因為一場意外事故導致全身癱瘓，喪失了行動能力。我想再也沒有什麼能比這更糟的了，經歷這樣的遭遇，你可能會覺得生無可戀、絕望至極。別說其他，就連自己的身體都動不了，還能夠做什麼呢？不過即便在這樣絕望的時刻，還是有一個我們能做到的事，那就是設定目標。

設定目標這件事，百分之百屬於思想的領域。思想是萬物所有的開始，偉大的結果也是在一步步小小的實踐下總結出來的集合，而這些小小的實踐便是始於思想。不論在如何惡劣的環境，我們至少能夠想像「想要的是什麼」，這看似是一句再當然不過的話，可是在最艱難的時刻，真的能將目光望向目標的人少之又少。不必真的邁出步伐，就是放眼看一看也就足夠了，然而這麼簡單的事情大部分的人卻都做不到。如此一來，就真的連破除惡性循環的起點都找不到了。處於疲憊不堪的狀態時，目標反而很容易變得清晰明確，我們可以具體地訂定計畫，唯一的目標就是只要能讓現在的狀況好上百分之一，足以擺脫現況就可以了。

向我們諮詢的電子郵件難以計數，通過這些郵件我們知道了兩件事：第一，自認為處在最惡劣情況裡的人們，以客觀角度來看，其實並非處於最糟的狀況。第二，因為不知道要做什麼於是就什麼都不做，或是不斷反覆做一些會讓情況更加惡化的事，結果陷入惡性循環而無法脫離。就像前面提及的一樣，所有事情的開頭都必須得先好好思考正確的方向。謹記，即便是在很困難的情況，就算計畫幾乎不可能實踐，但至少我們都能思考未來要朝著什麼方向前進。

我們間接地與許多人相遇，見證了每一位的成功與失敗，我們確信人生只要別搞砸，必定能有機會。我們熟悉學習成功的方法，卻幾乎沒有具體學習過失敗了應該如何不氣餒，更別說是進一步想辦法勝過它；甚至將失敗和否定畫上等號，相信失敗是負面的、絕對不能容忍，所以在腦海裡刻下應該盡可能逃避失敗的想法。能夠避開失敗固然是很好，不過人生並不是扮家家酒。即使不是有意而為之，甚至過程中完全沒有做錯事的情況下，失敗都有可能悄然而至；相反的，好不容易渴求而來的成功，卻很輕易就逃離。絕對不會順從我們的心意，這就是人生。所以，第一守則就是不要搞砸了，只要不搞砸，這些試煉都會過去而機會終將來到。能夠堅持下去的話，或許就能領悟為什麼出生是一個祝福了。若是能先有充足的準備再上戰場是再好不過，但是人生無法這樣，因為人生是一場實戰，從我們出生的那一瞬間就已經開始了。

雖然看起來好像只有我一個人這麼辛苦，但其實累的絕對不是只有你一個人。光是知道不是只有我自己，而是每一個人都在辛苦生活著的事實，心理上就能得到很大的安慰。從這裡再移動一公分，偶爾看看天空吧，不要想得太複雜，抬起你垂下來的頭看看天空吧。我們還能抬頭看看天空，至少說明還沒搞砸，還好好地活著。讓我用以下這句話來結束這一章吧！

「我們都生活在陰溝裡，但仍有人仰望星空。」

——奧斯卡．王爾德

平凡的生活其實很困難

很多人會這樣說：「我沒有很大的野心，就只是想平凡地生活著而已。」乍聽之下，好像是一個簡單而樸實的夢想，但事實上卻不然。因為平凡的日子並非如大家想像的那般唾手可得，為什麼呢？

一、平凡並不具體

平凡是一個很模糊的概念，因為沒有特定目標，不論放在哪裡，平凡都沒有具體的存在。結果就是，說出「想要平凡生活」的這番話，就是一句沒有本質的言論罷了。另外，平凡是一個相對的概念，只要與其他人相比顯得較為安全、順利或不苛求的意思。但也就是說，周圍環境一旦發生變化，平凡的標準也會隨之改變，而你本人也就需要改變。所以，平凡的生活其實是一件比想像中還要困難的事。

二、錯誤的概念——平均值和中位數

想要平凡生活的這句話，其實還特別包含著經濟能力需要達到中間程度的意義。但是財富的分布和我們一般所知道的分布不同，呈現冪律分布（Power law），簡單來說就是前百分之二十的人擁有百分之八十的財富。

人口常態分布來看，如果平均所得是三百萬韓元，中位數也會是三百萬韓元；但若是以冪律分布來看，平均所得是三百萬韓元，實際上處於中間層的人們，要接近三百萬韓元還很困難。根據二〇二一年二月韓國政府統計處的報告，二〇一九年勞工每月平均所得為三百〇九萬韓元，而中位數所得則為二百三十四萬韓元。所以說，想要進入一般認為的平凡範圍，你需要比想像中的更會賺錢。

三、錯誤的概念——機率和乘法

從機率的角度來看，平凡的難易度就更高了。舉例來說，我希望未來的另一半「平凡」一點，什麼條件都不需要，只要身高、外表以及年紀平凡就好，剛好就好了。從結論上來說，你想遇到一個恰巧符合這樣條件的人，機率和中樂透幾乎一樣。

在 *Love Factually*（Duana Welch,2015,LoveScience Media）一書中提到的經濟學家彼得，曾將自己的數學能力應用到尋找約會對象這件事上，套入年紀相仿、住得近等幾項條件加以計算後，得出的結果絕對無法稱之為平凡。

1. **他居住的倫敦地區約有將近四百萬名女性。**
2. **約有百分之二十的女性符合他所期望的年齡層，也就是約八十萬人左右。**
3. **而其中擁有大學學位的女性則只佔八十萬人中的百分之二十六，因此剩下十萬四千人。**
4. **這之中他認為有魅力的女性約為百分之五，也就是五千兩百人。**
5. **而五千兩百人中，認為彼得有魅力的女性人數也為百分之五，約二百六十人。**
6. **預估能和彼得相處得不錯的女性為百分之十的話，則總人數為二十六人。**

四百萬中人僅有二十六人，以機率來說的話，因為同一時間所有條件發生的機率必須相乘，最終機率為百分之〇．〇〇〇六五。也就是說，即使是幾項最為平凡的條件，經過相互交疊，最終都會得出極為慘烈的機率。平凡是一個比我們預期中更加珍貴的條件。

四、意外地需要很努力

活得平凡並不代表就是活得輕鬆自在，也不代表要非常努力過日子的意思。不過若是將活得輕鬆和認真過活放在天秤兩端的話，平凡的生活可能得向認真過日子的那一端更加靠近一些，為什麼呢？

說到生活品質，就一定會想到經濟條件的部分，舉例來說，有些人用了百分之七十的努力進入大企業工作，而另一些人則是用了百分之六十九的努力，卻無法順利進入大企業。那麼，比起那些合格的人來說，這些用了百分之六十九努力的人，難道只損失了百分之一的經濟收入嗎？不是的，這些人最終很可能就會變成賺得比較少的那一群人。

努力是有臨界點的。雖然這麼說很殘忍，但是如果沒辦法超越臨界點，無論你怎麼努力可能都沒有用。那些想要生活得很平凡的人，就是只想要付出「適當的」努力就好，不過「適當的」其實是一件相當危險的概念。努力必須要卯足全力，直到突破臨界點才有用，人生會讓人感到這麼疲憊，就是因為不知道臨界點在哪裡，在無法明確得知終點的情況下，想要安全抵達，我們隨時都得要付出比想像中更多的努力。

簡單來說，我們以為的平凡人生是付出「適當的」努力，然後得到「適當的」回報；但是基於現實中的不確實性，大部分的情況都是非但無法只付出「適當的」努力生活，而是必須付出充分的努力，並且得到的回報都只能稱為「適當的」回報。這樣的差距，就如同平凡的人生在現實生活中一樣，如此遙不可及。

我們經過大量的諮詢後發現，大部分的時候，當人們沒有一個具體的人生目標，就會開始說自己只想要過平凡的人生就好。不過當然也有真心將平凡設定為人生的最終目標的人，那麼，我們就得要具體地設定平凡的範圍，然後為達成目標建立一個縝密的計畫。不過既然決定這樣的話，不如像W．克萊門特．史東（William Clement Stone）說的：「就向月亮發射吧！偏離軌道的話至少也能中個星星。」找個更大一些的目標努力，如何？

跟富翁學習富人的思考法

新冠肺炎疫情爆發以後，大家開始關心經濟狀況，由於雇傭關係和生計變得不穩定，我們半強制性地受到經濟層面的影響，首當其衝的就是股票。隨著初期股票暴跌至最低點後慢慢開始恢復，大批人潮開始瘋狂湧入股票市場，於是就出現了「東學螞蟻」和「西學螞蟻」（以螞蟻形容股市散戶，前者購買韓國股票，後者投資海外股票）的相關新造單詞。甚至連家庭主婦們、基督教徒、公務員這些平時不太容易接觸到股票的人，都開始談論股票，原因就是他們周邊有人靠著股票賺了大錢。

「聽說某某某去年賺了多少多少。」

「話說某某某三月的時候賺到了不少啊！」

「據說不久前某某某手裡的公募股票（Public offering）翻倍賺了呢！」

於是很多人就覺得此時如果不趕緊投入股市那就損失了，跟著旁邊的人開了證券戶頭，不管三七二十一就把聽過的股票都買下，結果大賠。如果不跟進投資趨勢的話會覺得有所損失，而真的跟進投資結果賠更多，所以應該如何應對呢？現在進場時機正確嗎？說起有錢人，我想跟大家介紹兩位韓國的國家代表顧問。

「3PROTV」的金東煥董事曾說，很多人都誤會了，就像學生時代我們都以為成績必須很好才可以，而長大後也在不知不覺中，錯誤地以為必須要成為有錢人才行。但如果問他們為了成為有錢人是否願意付出一些代價，答案卻通常為否。生來不是有錢人，但是想成為有錢人的話，為了存錢，需要把注意力集中在有限的資源和能量上，所以必須做出一些犧牲，例如名譽、安定感、工作和生活間的平衡或各種人際關係等等。

股票是所有理財方式裡門檻最低的，同時也最容易賠錢。賠錢是一瞬間的事，而賺錢則需要花很多時間，要填補失去的百分之五十，就得要賺百分之百的錢。人們對於自己的收益率總有著幻想，好像有一種奇妙的自信心，覺得在同一個項目裡即使其他人都賠了錢，我還是會賺錢。

想變成有錢人的話，特別是想靠著投資致富，首先得要備齊種子資金和基本的修養。金東煥董事表示，種子資金一定得要是親手一分一毫賺來、一點一滴存下來的錢。為了累積種子資金而節省生活開銷的經歷非常重要，種子資金從本質上來說，是一筆無法經過投資賺到的錢。種子資金越多，投資所能獲得的利率越大，一般來說會將種子資金的金額設為目標金額的十分之一。

在準備種子資金的期間，你必須同時在理財方法和能力上下功夫，設定投資標的、觀察市場資訊，並尋找有參考價值的媒體幫助學習等，這是用來吸收情報和資訊的時期。多數人會選擇只看自己喜歡的媒體，但如果接收資訊的途徑能更加多樣化比較好，因為各家媒體可能會因為自家公司的立場而漏掉一些訊息，也可能誇大報導一些情報，所以如果能多家比較會更好。

在韓國，當我們說到有錢人或是股票的國寶，最先想到的就是「Meritz 資產營運公司」董事 John Lee。他曾說：「富有是需要時間慢慢形成，如果想要今天比昨天更有錢，那就要省下咖啡錢、補習費、汽車保養費等生活中的小筆開銷，把它們存起來，拿去投資在股票上。越早越好，趁年輕時就開始投資，小筆買下好的股票，聚少成多，然後等待這些股票上漲就好了。」John Lee 向每一位來找他的投資者強調，比起學會看圖表，看公司和企業更為重要。

然而，瞭解這個簡單的答案之後，必然會隨之出現一個問題，那就是「好的股票在哪裡？股票的價值什麼時候才會上漲？」對於這個問題，他表示：「請從知名的大企業開始下手。」因為這樣的公司不會隨著時間破產而消失，他們的股票價值會一天天慢慢增加，雖然聽起來好像很簡單，但其實這是一個非常需要耐心等待的過程。

富有需要時間慢慢形成並耐心等待，很多人就是因為不想經歷這個漫長的等待過程，所以常開著HTS和MTS（分別為電腦交易系統與手機交易系統）進行交易，但是真的能夠通過這種短期投資獲利的人，不是百分之一的頂尖高手，就是一些運氣超好的人；除了這些人以外，大部分的人進入短期投資市場，最後都是血本無歸，因為根本就沒有人知道今天的股價會出現怎麼樣的變化。雖然聽起來很無趣，不過最安全的就是不斷小筆的買入股票然後不要著急著賣，挑那種現在會賺錢，未來也會一直賺錢的公司，不要管時機，買了之後就盡可能放著不要動，能等多久就等多久。

John Lee說，投資股票隨時都能開始，把每天不知不覺減少的這些錢省下來，投資到股票裡就可以了。而前面金東煥董事也說，集中精力，把種子資金存到一定的金額後，好好在投資上下功夫。

他們兩個人的方法雖然不盡相同，但是都有一個共通點，就是想要成為有錢人，千萬不能操之過急。John Lee的投資法是現在就立刻開始，但是要做好心理上的覺悟，這筆錢投資下去之後，需要經歷幾年、甚至幾十年的漫長等待；而金東煥董事的投資方法則是，在存到一定金額的種子資金之前必須經歷一段長久忍耐的時間，並且需要大量學習各種投資的方法以及與經濟相關的研究。

靠著投資股票賺到錢的人很多，他們投資股票的方法也並非只有一種，但是無論是哪一種方法，想要成為有錢人，必須先學會賺錢的方法、守錢的方法和放大這些錢的方法。並且銘記，正如金東煥董事說的，成為有錢人不是任務，它並不是一件必須要做到的事。要不要成為有錢人是一種選擇，想成為有錢人的話必須付出一些代價，而致富的速度非常緩慢。即便如此，你還是下定決心想要成為有錢人，並且正在為此付出某些代價的話，我相信在未來的某一天，你一定能夠得到應有的報酬。

大學的崩壞

全韓國正為著大學升學率在世界排行榜壓倒性勝出一事，感到相當驕傲。為什麼大家對於大學都如此執著呢？我相信其中一定有很多原因，不過我認為核心因素是，我們擁有的資源只有人力；還有一點就是，韓國大部分的家長們，希望未來自己的子女能過上比他們更好的日子，而這個保證書就是考進一所頂尖大學。事實上，頂尖大學的確「曾經」和未來是否能夠擁有強大的經濟實力有很大關係。一般來說，如果未來想躋身中產階級，過著普普通通的安穩生活，想辦法擠進大企業就職會是必須條件之一。而就業的第一個門檻就是大學文憑，嚴格來說，應該是一張中上等級頂尖大學的畢業證書。不過，最近我們發現一些和過去變得不一樣的情況，特別是當很多大企業都放棄公開招聘，恰好證實了我們正處於一個非常重要的歷史性轉捩點，那就是大學的崩壞。

通常一所大學最重要的功能就是培育人才。但現在的狀況是，再也沒有學生是為了要得到某個領域專家傳授的學識而念大學，大部分都是因為就業的第一個門檻是學歷才選擇就讀大學。本來學分是用來記錄學生通過學習所得到的成果，而現在多半的學生卻都是為了拿到學分才不得不去上學。

針對這點再更進一步加以探討，大學的學歷為什麼會成為就業的第一道門檻呢？因為在大型企業裡，明明工作內容和中小企業一模一樣，但薪水就是比中小企業的高，甚至有時候還會出現工作量比別人少，薪水卻還是比較多的情況。如此一來，所有人開始紛紛向大企業投履歷，人力供給遠遠超過需求，於是大企業就開始看重學歷和學分成績，以此過濾求職者。這就是核心關鍵，從此大學就變得不再是為了培育人才而存在的教育機構，而是為了過濾出適合進入大企業的人選才存在的過濾所。與此相同，另一張過濾紙就是多益英語測驗（ＴＯＥＩＣ），很多人說多益是一個毫無意義的考試，因為就算拿到九百分，還是一句英文都講不出口。事實上，多益並不是為了測試英語能力而存在的考試，而是一個用來測試努力程度和學習技巧的工具，以及方便企業正式回絕某些人的好聽藉口罷了。

我前面提到很多大企業不再公開招聘，或是正在減少招聘名額，這不單純是因為現在的經濟狀況而已。不幸的是，現在許多大企業根本就不需要新員工，應該說，很多公司甚至都不只停招新員工，而且是連現有的人力都已經過剩，不知道該怎麼處理才好。舉個簡單的例子，隨著科技進步，許多工作都逐漸走向數位化或自動化，很多人力工作可以被機器人和電腦大數據取代。目前韓國是每單位人口擁有機器人比例最高的國家，再加上人工智慧正在高速開發，純勞動的人力工作基本上已經漸漸被機器取代，而這樣發展的結果就是，大企業不再像過去那樣通過公開招聘尋找大量的人力、中小企業則只聘請有工作經驗的員工。現在比起各方面都平均的人才，資方更想要錄取的是真正會做事、有用處與有實力的人才，此時推薦函和個別的深度面試就會格外重要，也就是說，在這種情況下，其實大學已經沒有什麼能做的事了。

從教育層面來看，各種優秀的課程講義網路上都有，以前很多課程都要英文夠好才比較容易接觸，而現在幾乎都有各國語言的字幕了，誰還要去聽一個十年來一成不變、課程內容枯燥無味的教授講課呢？有些企業已經開始提供如大學課程般的編碼與程式設計專業課程；更甚者的Naver（搜尋引擎網站）和Kakaotalk（通訊服務APP）這兩間公司則是在正式入職前，提供員工完整的程式編碼教育課程。特別是這種特定專業領域，過去需要以大學學歷當作篩選人才的標準，如今已經可以用編碼測試這種更為精巧的方法代替。有很多IT產業的大型企業，現在甚至都不再問求職者是什麼學校畢業的了，他們真正想要找的是擁有實力的人。

於是大學開始崩壞，這是社會框架的巨大改變。但是能具體感覺到這種改變的人並不多，很多老一輩的人既盼著年輕人能有安穩又準時下班的工作，又一面擔心他們成為萬年國考重考生。然而事實上，公務員也有拿低薪又沒辦法按時下班的部門。基本上，在眾多選擇成為公務員的人心中，安穩和固定的下班時間這兩項條件可能也只是他們的次要理由。主要原因是，從出生後的二十年，只為考大學、什麼想法都沒有、腦袋空空連自己的主修科目都沒能搞明白，畢業之後剩下的也就只有在考試時，從選擇題裡四選一的能力。而公務員考試和大學升學考試系統如出一轍，就連準備公務員考試的補習班都是最強師資陣容，年輕人當然就只能考公職了。所以拜託你們好好地想想吧！不要再把所有的錯誤都歸咎到年輕人的身上。

我一邊寫著，同時內心覺得十分鬱悶，因為我也沒辦法提供一個正確的解答，唯一能說的就是韓國社會目前正面臨一個非常大的變化。我的資訊顧問公司（IT solutions），最近接到一個委託案，顧客們希望將過去需要分成三個小組進行的作業縮減至一組來進行。若是我們成功開發出這樣的系統，很多工作機會將會消失，好像連我自己都是在促進這個社會框架縮減的人之一。在這種情況下接受這個案子，我實在是沒辦法真心地對時下的年輕人說出「努力試試就一定能行」的這種話。

世界變化的速度很快，好好學習以適應各種環境，並且努力在生活中實踐，沒有什麼比這還要更能降低人生的不確定性。或許聽起來會很殘忍，但是這對某些人來說將會是一個機會。無法適應這樣高速變化的人，會被淘汰；而適應變化的人，則將擁有比過去更強大的經濟能力和社會影響力。不知道這樣說能不能比較安慰到你，我會一直試著說服那些新框架中的勝利者們，讓大家可以一起生活下去……，因為這是我唯一能做到，我也會盡力地一直努力下去。所以真心地祝福各位，希望大家加油，加油！

行動

給自己一些時間思考。但是當行動的機會來臨時，就停下思緒，奔跑吧！

——拿破崙一世

在遲和太遲之間，存在著無法測量的距離。

——奧格・曼迪諾

恐懼無法被想像克服，但是可以被行動克服。

——克萊門特・史東

培養毅力的三個方法

如果神問我想要什麼能力，會毫不猶豫地說，我要最強大的毅力。在這個世界上，做所有的事情都需要時間，不論內在的動機再怎麼充足，過程中都會出現讓人疲憊的階段。當我們的心中出現了什麼都不想做、想要放棄一切的念頭時，能把這種負面情緒停住並封鎖，最終支撐著我們抵達目的地的力量，就是毅力。

在求學階段我曾經很羨慕那些聰明的同學，但是在出社會以後，經歷了各種凶險的磨難歷練，現在的我覺得比起聰明的人，反而覺得那些無論處於什麼環境，都能夠堅持到底的人更加值得尊敬。所以，該如何培養出人生的核心骨幹——毅力呢？

一、第一步就是「斷」

毅力就是一股幫助我們持續的力量，要怎麼做才能不斷持續呢？回溯過去，比起那些疲憊不堪的瞬間，似乎更多時候，反而是因為禁不起甜蜜的誘惑，導致真正重要的事被無限拖延。也就是說，想要得到更多，就得放棄更多——這個悖論就是人生的真理。得要先斬斷慾望，才能增加堅持的時間，再用這些時間去成就夢想。

不要只光在腦子裡想著，或試圖用抽象的意志力去克服所有難關，得從最一開始創造環境的時候，就直接把那些可能妨礙我們的因素去除，這種決心和行動就是培養毅力的開始。我們常說「開始是成功的一半」，那麼「開始的一半」又是什麼呢？創造一個能讓自己堅持下去的環境，就是開始的一半。如果達成目標是進度的百分之百，創造一個適當的環境，大概就佔了進度的百分之二十五。在煩惱要如何做好某件事之前，先具體地思考什麼東西會妨礙我們的計畫。有系統性建立起的毅力，會比那些在心裡幻想出來的毅力，更加真實並且持久。

二、好好地記住失敗的後果

或許你聽過，只要把夢想或是目標具體地在腦海中刻畫出來，這個夢想就會實現。這話沒有錯，不過心理學上有更為實際的方法，就是在腦子裡具體想像失敗的後果。因為比起收穫，人類更習慣在面對失去時選擇規避損失，所以如果在腦子裡，把某件重要事情失敗之後的場景和痛苦，栩栩如生地想像過一遍，毅力自然就會湧現。

很常聽到別人說我有毅力，但其實以前我的心理狀態也沒有像現在這麼堅強。隨著我經營的公司逐漸成長茁壯，員工慢慢增加，要肩負的責任也就更大，於是腦海中就出現了千萬不能把這個工作搞砸的想法，所以即使已經精疲力竭，依然會督促自己要好好工作。以前的失敗只是我個人的失敗，只需要為自己負責任；然而現在對我來說，失敗變得太過龐大，只要一想到如果搞砸了，將為所有人帶來的一切磨難，我就實在無法不讓自己勤奮地工作。

三、分辨能做和不能做的事

不少人都以為自己沒有毅力，不過與其說是沒有毅力或是意志力，更多人應該是沒有正確設定好目標。如果想要能夠有毅力地長時間做一件事，首先需要的是專心致志。而這並不是下定決心就能做到的，這件事情的難易程度和自身的能力必須要達成平衡，隨意選擇一個荒誕離譜的目標嘗試，就開始感到挫折、開始認為自己沒有毅力，是一種最容易讓後設認知（Metacognition，指個人對自己的認知歷程能加以控制、監督與評鑑的一種知識）快速退步的行為模式。

光是從一開始正確地分辨自己能做和不能做的事情，就可以提升專心致志的機會。專心的時候會感覺時間過得飛快，所以就算是在反覆做著同樣的事，也不會容易感到疲憊。換句話說就是，集中精神專心一致，就能夠讓我們長時間做著同件事情。

但不要以為毅力就只是能讓我們持續做事的力量而已，因為即使努力的時間一樣，集中精神的生產效率會大幅上升，成效是沒有專心時的好幾倍。將精神集中於能力所及的事情上，提高生產效能，你也可以把這種方式當成是提升毅力的另一種面向。

班傑明・富蘭克林曾說：「活力和毅力能戰勝一切。」毅力是人生中非常重要的一種態度和品德，出乎意料之外的是，在諮詢的人當中，很多是有能力也有希望成功的人，但是最終卻因為毅力不足導致失敗。其實只要將以上所提到的三個方法付諸行動，雖然每一個人可能會有些微程度上的落差，但是我們相信，無論是誰都可以把自己的毅力培養起來。擁有毅力之後，就像班傑明・富蘭克林所說的，你就可以克服一切。

變老不等於長大

在一些外國人常出現的節目中，常常聽到他們說「韓國人很愛問別人的年紀」。這個世界變化快速，但在韓國的社會中，人際關係上依然存在著論資排輩、固定年薪、長幼秩序等觀念，所以很多人遇到衝突爭執，當道理跟證據都講不過對方、狼狽不堪的時候，就會放出「你幾歲呀你？」這種話。

世界上所有的事情都有兩個面向，所以這種以年紀為中心的文化，雖然有它的好處，不過如果想要讓這個好處正常發揮，至少得先滿足一個條件，就是應該隨著年紀增長而逐漸成熟。可能每個人對於成熟的定義不一樣，但是至少要滿足以下三個條件，才有資格稱為一個「成熟的」成年人。

一、樹立價值觀

每個人覺得重要的標準都不一樣，這並沒有錯，但是不代表所有的不一樣都應該被尊重。首先，這個標準背後，應該要有一個能支持它的合理性，然後根據各自遵守這個標準的程度，決定每個人的價值觀應該受到多少尊重。

許多人年紀雖長，但是卻沒有建立好價值觀，因此判斷事情的標準就變得十分模糊，常常會隨著心情變化衝動行事。價值觀並不會隨著年紀漸長就自動形成，得要先對這個世界有所瞭解，然後深度認知自我之後，才能夠建立自己的價值觀，做出有意義的選擇和行動。

簡單來說就是，任何一個價值觀都必須通過大量的學習和思考形成。社會上究竟有多少成年人，除了考試升學或是就業之外，還會持續為提升自我而學習？我想是微乎其微。所以想要找到一個實際年紀和精神年齡相符的成年人，其實並不簡單；反倒有不少成熟的年輕人，雖然年紀較輕，卻已經早早建立好了自己的價值觀。

二、對運氣的認知

年紀大的優點是什麼呢？以前可能會說，年紀大的好處就是「知識的累積」，但是現在各式各樣的資訊情報，都可以輕易地通過網路搜索獲得。而那句「家有一老如有一寶」，在這個時代聽來，就有些過時了。

那麼，年紀大的真正優勢是什麼呢？我個人認為是「親身經歷」，間接經驗無法和那些親身經歷比較。長者們挺過大風大浪，長久的歲月裡盡閱百川，這些歷練讓他們能夠自然地領悟一個真理——很多事情得靠運氣。

瞭解世界上有很多事是無法控制的，有兩個好處：一、會變得比較謙虛。二、只要碰上跟運氣有關的事，就不太在意、不會那麼鑽牛角尖了。如果碰到一件無法控制的事，就可以減少很多沒必要的壓力，也就可以像個成年人一樣，看開一些。

三、理解事件背後的道理

「當時是錯的，但是現在是對的。」這句話看起來，像是在玩文字遊戲，但其實是一個正確的句子。所有的事情都有它的道理，因此，即便是同一個人發生了同一件事，劇情發展也可能會和上一次完全不同。也就是說，深諳事件的道理和來龍去脈，是一件很重要的事。

不過有些內在無法符合外在年紀的人，都有一個完全搞不懂這些事件道理的特徵，所以他們說話的時候，總喜歡以「話說我們那個年代呀……」這句話作為開頭。但是不好意思，過去和現在的狀況可是大不相同了。就說十年前好了，智慧型手機並不普及，網路社群平台不像現在這麼發達，人工智慧的發展對於人類社會就業情況也沒有造成任何威脅，但是這一切在短時間改變了。也就是說，如果不能跟上世界改變的速度，隨著情況和事件的道理調整自身的行為，就算年紀大了也不能算是成熟，不過只是「倚老賣老」而已。

棒球老將戴維斯（Chili Davis）曾說過一句令我印象深刻的話：「變老是身不由己，但成熟是可以選擇的。」這簡直就已經不是當頭棒喝的程度，而是一語中的、一招斃命了。很多人都忽視了這個重要的選擇，反而是在地球繞行太陽一圈這件事上，賦予太多的意義。如果沒有打算在地球繞行太陽數十圈的時候做出什麼的話，就千萬別再把年紀當作職場裡的官威了吧！

會做事的人 vs 會賺錢的人

很多人覺得很委屈，因為他們錯誤地以為「努力」做事就可以得到認可，但是如果你到高手雲集的世界去工作兩天，就會知道，想要得到認可並不是要「努力」而是要「做得好」。努力的確有可能提高做好的機率，但殘忍的現實是努力並不能保證獲得百分之百的好結果。不過有一點很確定，那就是拚死努力的人不一定都會成功，但是絕大多數成功的人都曾經拚死努力奮鬥過，因為努力只是基本。

即使身處高手的世界裡，如果能擠進排名前百分之十，你就會得到一個全新的體悟，那就是即便努力、甚至是已經做得很好了，也賺不了很多錢。產出一個好的成品，和把產品變成商品銷售，是完全不同的兩個世界。賺錢是一件特別需要運氣的事，所以會做事和會賺錢是完全不一樣的兩回事。其實所謂會不會做事，並不是用市場的標準定義，很多時候都是根據績效而得出來的結論。所以說，不論有多會做事、得到上級多少的認可，身處在這個殺氣騰騰的市場之中，大多數的人也都只會感到意志消沉而已。

隨著市場屬性和商品的不同，會賺錢的人也都各自有著不一樣的能力，不過一般來說，那些能夠成功創造經濟奇蹟的人，從來都不是盲目地奮鬥然後成功。他們總是在思考要如何才能用最少的努力，創造出最多的成果，這些人多半喜歡把焦點放在效率而不是努力上。

最好的例子就是，韓國在數位市場上，將曾經是電子強國的日本全面扳倒的事蹟。在數位市場上，重要的不是日本最引以為傲的匠人精神，而是當信號越過臨界點開始啟動，如何能夠最大化的降低生產成本，並且同時維持系統的運作。大韓民國特有的「快！快！快！」的精神，恰好符合數位生態系的性格，於是我們在顯示器和半導體的市場上輾壓了日本，這就是會做事和會賺錢最典型的兩個例子。

另一個會賺錢的人特徵就是會活用他人的長處，跟那些咬著牙、埋頭苦幹做事的人不同。因為無論再怎麼努力，單憑著一個人的力量還是有限；而若是能和他人合作，不但能截長補短、互利互助，更能事半功倍，將投入的努力乘以數倍，創造最大化的成效。如果能夠支付合理的費用，釋出特定部分委外承包，省下來的時間就能夠再拿來利用，創造更多自我的附加價值。如果朝著這個方向和他人互相合作，未來銷售量和利潤都會漸漸上升。

這就可以跟那些擺脫不了貧窮的人做一個對比了。擺脫不了貧窮的人有一個特徵，就是會為了眼前的小利斤斤計較、節省生活開銷，然後某一天就會突然需要支付一筆更大的費用。舉例來說，為了省下幾百塊，什麼事情都堅持親力親為，結果就是為了這些瑣碎的小事，浪費了大把時間。這段時間原本能夠用來充實自己，可以增加自己的附加價值，反倒成為了被放棄掉的機會成本；又或者，不好好投資在自己的飲食上、東省西省，結果生病了，就得為此付出一筆更昂貴的醫藥費。如果想要擺脫貧窮，首先要學會，不吝嗇於正確的投資。

所以，不要只是低著頭努力過日子，你需要認真地想一想，如何能將努力和成果連結起來。等找到答案之後，下一步就會需要一個可以把成果轉為成功的策略，像這樣開始一步一步理解，慢慢向上走。某一天，你就會發現一個很會賺錢的自己了。

人生千萬不要敗在「免費」上

就結論來說，世界上沒有東西是免費的，這是非常現實的真理。就像物理學中，不可能由完全零的狀態，無中生有一樣。或許免費說到底，應該是神的領域也不一定，總之，人類並不具有提供任何免費服務的能力。所以這只是在傳說故事裡一個對人類來說充滿誘惑的餌。很多人在面對免費這兩個字的時候，容易喪失理智；甚至還有些人，一看到免費就被迷得神魂顛倒、動彈不得，這種人最容易害死自己。所以讓我們一起來看看，為什麼免費會是直接導致我們走向失敗人生的路徑。

一、太過沉迷於免費的人，很容易受人操控

在進行交易的過程中，存在著雙向的交互作用法則。簡單來說，當某一方釋出善意的時候，作為接收的這一方，就會在無意間做出一個符合這份善意的回饋。這是因為我們的腦子裡，都灌輸了一個這樣雙向性的強制觀念。所以，懂得經營的人就利用這種雙向性，用最小的餌，最大量

地撒給最多的人。而免費丟出的這些餌，即使不能百分之百擄獲每一位顧客的芳心，但是只要有百分之十的人願意予以回覆，那也就足夠讓這些經營者創下驚人的利潤了。

就算你夠冷靜，可以忽略掉這個雙向的交互作用法則，免費這兩個字，還是很危險。免費的概念是「不需要先投資，就可以無限獲利」。所以無論再小的獲利，只要是免費，大家就很喜歡。於是就變成了一個惡性循環，嘗到一點免費的小甜頭，就開始期待下一次的免費。然而我們的人生，就連下定決心要完成的夢想都不一定能夠實現，卻沉迷在免費的無限裡。為了不重要的小東西陷入循環的泥淖，沒辦法一心專注在自己的人生，因小失大，結果因為貪圖一點免費的小東西，而失去了大好機會。

二、時間比什麼都重要

放眼望去，你可能會覺得應該還是有些什麼東西是免費的吧？但是仔細觀察，你會發現那些看起來免費的東西，付出的代價不是金錢，而是其他的東西如時間。譬如，某個小攤子正在舉辦活動送出免費贈品，然而為了拿到贈品小物，大群人潮擠成一團，你在他們後面至少得排隊三個小時。那麼這些小東西，真的還能說是免費嗎？雖然不能單純用線性關係來比較兩邊得失，但是如果把排隊的三個小時拿去打工，至少也會賺到比贈品價值還高的金錢；相對的，那些送免費商品的主辦方，聚集大批人潮以後，反而能更有效地執行行銷策略。表面上看起來像是免費贈送，其實你只是商人行銷手段的對象，另外還是幫忙聚集人群的助力之一，或甚至是商人用來宣傳的行走人形廣告牌而已。所以我再強調一次，天下沒有白吃的午餐。

三、免費沒有品質

說到這裡，可能有人會提出異議，認為世界上還是有很多不需要花太多時間，就可以得到還不錯的免費商品。但是我們想一想，過去收到過的那些，所謂的免費產品，有多少是優質商品呢？如果真的幸運拿到一次不錯的商品，那麼比起「免費得到」，「運氣不錯」應該才是更適當的形容詞。因為免費的東西，通常品質都較差。人生中有幾個元素可以幫助我們成長，其中最重要的一項就是經驗。如果累積太多免費的低品質經驗，相對地就減少了體驗高品質服務的機會。優質的經驗能給人生帶來更多新的刺激，所謂「優」能帶來「質」，而「質」卻無法換回「優」。得到一次優質的經驗並非易事，但是僅一次的優質經驗，就很有可能有助於啟發思考和開拓視野；若是太執著於免費的話，你的水準很可能就一直處在低處，無法翻身。

「天下沒有白吃的午餐」這句話，是我十年來銘記於心的座右銘。每當我遇到難以抉擇的瞬間，就會先試著思考其中參雜了多少的免費因素，然後再加以判斷。仔細琢磨「天下沒有白吃的午餐」這句話，會得到很多的領悟。比如把別人的好意當成自己的權利，這件事的核心就有「免費」參雜其中，而許多我們以為的理所當然，事實上也混雜著許許多多的不當然。

反向思考這句話，你可能會得到更多醒悟。因為世上沒有免費的東西，只要不留餘地付出，即便有程度上的差異，也必定會有所回報。希望你們能夠反覆咀嚼「天下沒有白吃的午餐」，細細品嘗這句話裡暗藏的無數真理。

思想

思想像是傳染病，某些思想甚至會成為流行疾病。

——華萊士・史蒂文斯

我是依我所想來畫對象，而不是依我所見。

——巴勃羅・畢卡索

人類是思考的產物，你會成為你想的那個人。

——湯瑪斯・愛迪生

我一週工作八十個小時以上的原因

老實說，如果一個星期想要固定工作八十個小時，那就連週末也必須要工作，完全不誇張。所以我的任何一個腦細胞，都沒辦法享受到所謂「工作—生活平衡」（Work-life balance）的意義。當然我也遵守勞基法固定工時的規定，但是我本身並不是符合這套法規的勞工，而是公司的董事，也就不適用勞基法，所以我可以儘管放心超時工作。就連周圍的家人朋友和同事們，看到我這種不間斷的工作模式，都嚇得瞠目結舌。但是我為什麼要這樣瘋狂地工作呢？

一、為了給我愛的人自由

我自己定義的家庭範圍比較大，包括了我的員工們。雖然比起親情血緣的家庭而言，我們之間的情感羈絆沒有那麼深，但是我真心地把每一位公司的成員，都當作我的家人。人的一生中有很多不一樣的幸運，其中最幸福的就是能做自己喜歡的工作。所以，為了幫員工們創造這樣的工作環境，我每天沒日沒夜地瘋狂工作。

我們公司只是一間中小企業，但是員工們對公司的信心、愛戴和驕傲，絕對不比大企業少。一般說到公司董事，都會給人一種天天沒事做，只會出一張嘴拼命指使員工做事的惡老闆形象。但是一個好的公司決策者，應該是公司裡最忙碌的人，這才是一間正常的公司最該有的樣子。以公司的決策構造上來看，只要我努力工作，得出的成果就能成為大家的公分母。也正因為如此，在不斷努力之下，我們的公司早在新冠肺炎疫情之前，就已經完美地開啟居家工作的模式，現在每位員工一年都有二十三天有薪休假。雖然我們這間小公司才成立不久，但是一直以來都堅持共享利益的制度，如果我這樣拼命工作，可以為員工們爭取多一分經濟或是時間上的自由，我會感到無比的幸福。

二、為了去除不確定因素

這幾年公務員國考的競爭，比往常都更加激烈。最大的原因是，公務員是鐵飯碗，只要不闖什麼大禍，大多都可以安心做到退休，之後還有退休金可以領。基本上，好像就可以不用太擔心未來的各種不確定因素。人們多半會對無法預測的未知感到恐懼，我也曾經為了解決這種不確定性，選擇去大企業工作。

然而，某天當我拿著計算機坐下來，仔仔細細把我從進公司到退休，大大小小能賺到的所有金額計算了一下，我就改變心意了——決定更努力地工作，然後縮短賺到這筆錢的時間。這當然是一件很累人的事，不過不是不可能。當你一心一意地專注並全身心投入工作，實力就會翻倍增長。因為我就是這樣，從完完全全的外行進入這個領域，短短三年間的時間，菜鳥變成專家，然後在離開公司的五年之後，成功賺到比在公司工作到退休的總額，還要多的財富。華倫．巴菲特說過，複利的魔法就是，雖然它已經實質上消失在戶頭裡，但是卻仍然持續獲利。

事實上，公司並不會依付出的努力程度，給你百分之百的報酬。應該是說，即便願意付出很多時間和精力在工作上，因為法定工時有限，也沒有辦法多做些什麼。一般上班族平均每星期工時為四十個小時，但是就算一週工作八十個小時，也不會拿到兩倍的薪水。然而我本身對於工作可以說是滿腔熱血、充滿幹勁，所以別說八十小時了，就算是一週工作一百個小時，我也甘之如飴。於是，這就是即便當時我已擁有最好的工作環境和工作夥伴，最後還是選擇離職的原因。

我現在的公司雖然只是中小企業，但是我們每年都會確實執行年薪協商的制度，並且盡可能地與員工們共享利潤。原因是我希望能夠打破那些，當時曾在其他公司體會過的，職場中看不見的天花板和牆，如果努力工作還得不到應有的獎勵，那麼說真的，就不必這麼拼命了。

三、因為好玩

如果只想著金錢上的報酬，工作會很容易到達某種極限，因為外在動機完全不能和內在動機相比。如果想要長期從事某個行業，那就得要先對那個工作有興趣才行，一份工作得要讓你感受到快樂，你才會願意自動自發地去做。在我寫書的此時此刻，是晚上十點四十七分；今天早上我從八點開始工作，吃過飯後稍微處理了一下私事，其他時間全部都在工作。當然，無論我再怎麼喜歡工作，也不是無時無刻都很熱衷在工作之中，偶爾也會出現不想工作或是在工作的時候感到消沉。但是隨著得到的成就感越來越多，我就漸漸地明白，不想工作或是陷入低迷的那些時刻只是一個很自然的過程而已。所以遇到不想工作的時候，應該要如何調整步調，或是得花多少力量把自己拉回正軌，其實我們的身體都很清楚。

以前，我從來沒想過「工作最好玩！」這句話會從我的嘴裡說出來，這麼說你可能不信，但是現在我是真的覺得工作很有趣，才會這麼瘋狂工作。祕訣就跟專心的原理一樣，首先能力和任務的難易度得要相符。如果能力不夠，就選擇挑戰簡單一點的任務；若實在找不到簡單的任務，那就想辦法提升能力。這樣自然而然地就能夠專心，於是所有的問題就迎刃而解了。專注就是這樣，能為你帶來無可替代的喜悅。

我還是得再次強調，嚴格遵守法定的固定工作時數是必要的。另外，在那些沒辦法用報酬回應你付出的工作，得時刻擦亮眼睛、什麼都必須斤斤計較，做得少一點才是聰明的選擇。一週工作八十個小時這種事，在你實際行動之前還是得先評估整體狀況，才可以嘗試。

如果在公司一週工作四十個小時之後，能有意識地再從休息時間和週末，擠出四十個小時善加利用，就能為僅此一次的人生，創造不一樣的生活型態。可以開展副業；可以單純拿來進修，提升自我、感受身心靈的成長；當然也可以拿來學習和工作相關的知識，成為行業裡的佼佼者。

很多人生閱歷豐富的高手們，一週不單工作八十個小時以上，並且還有額外的時間，用各式各樣的方式充實自我。在看不懂的人眼裡，或許會覺得他們是工作狂或是職場奴隸；但事實上，這些人比任何人都還要懂得享受人生，他們專注地過著最有意義和價值的生活。一週工作八十個小時以上，不會是每一個生命的唯一正解，但還是希望你記得，在我們尋找通往幸福的路上，這可能會是一個還不錯的衛星導航。

死亡帶來的領悟

我在三十幾歲的時候曾經把死亡看得很淡，並不是因為我是虛無主義論者，只是「我不畏懼死亡」。因為我已經得出了理想的人生斜率，努力和幸福達到符合理想的平衡，所以當時的我深信——即便明天就會死，今天的我也不需要做出比平常更多的努力。因為多一點努力並不會帶來多一點幸福，於是我在相當年輕的時候，就已經如此泰然地看待死亡。

但是現在的我，已經沒有辦法這麼看得開了。我的人生中，出現了很多想要完成的公益事項，所以我決定要頑強地、長久地活下去。現在我的人生不是斜率，而是一個目標值。在突破這個人生目標值之前，我想是無法放任自己抱著遺憾離開了。

觀察，對於死亡來說很重要，當我們體悟生命的有限，看待事情的角度就會完全改變。說到死亡，很幸運的是我不但深入思考過死亡，甚至透過人生有更深層的領悟，而後獲得了精神上的安寧。所以，雖然這是一件非常私人的事，但是當我領悟死亡的意義是人生最終章時，我便時時刻刻將它銘記於心。於是我得出了三個結論，想在這裡分享，希望能幫助到大家。

一、優先順序

死亡，會幫我們快速釐清優先順序。就拿隨便一件小事來說，如果有人問「牛肉和豬肉要選那一個？」你會選什麼，我想都不用想就會選豬肉，就像這樣，我對肉品的選擇有明確的優先順序。如果把這題換個問法「死前最後一餐，要牛肉還是豬肉？」你應該可以很快就找到答案。就連這麼小的問題，我都時常當作死亡前一刻的問題來思考、尋找答案。就這樣想著想著，當我遇到日常生活中的選擇題時，反而能夠很快得出答案。如果你正面臨一個難以抉擇的選擇題，不妨將它當成人生的最終章去思考，或許就能得出答案了。亞馬遜的創始人，傑夫·貝佐斯曾將之稱為「將後悔最小化的法則」。

二、關係的本質

我們的一生當中，會擁有很多不同的人際關係。在一段關係裡面，有音樂當然也會有噪音，我們在這短短的一生，光是用來愛人都嫌太短，竟然還得花時間去跟別人吵架。而最矛盾的是，越是親密的關係，反而越是會為了芝麻綠豆般的小事惡言相向；運氣差點的話，吵著吵著時間久了，感情也就淡了。

但是如果我們常將死亡謹記在心，這些關係裡嘈雜的噪音就可以被消音。假設我們因為一些不太重要的事，跟家人起了口角爭執，本質上並沒有誰對誰錯，就是互相意見相左而已；反而事情本身如果對錯分明，可能還不需要吵架，大不了是做錯的那一方道個歉就解決了。但就是這種模稜兩可的情況，最容易發生衝突。接著突然之間，跟你吵架的家人發生意外，去世了。你覺得留下來的這個人，會後悔沒能得到對方的道歉，還是會後悔沒向對方道歉？很明顯答案通常都是後者，後悔沒能向對方道歉。如果你能像這樣，時常將死亡銘記於心，就能夠很快領悟關係的本質是什麼了。

三、專心

如果我們可以擁有無限次的機會，可能就不會這麼專心盡力地做好每一件事。正是因為機會不是無限的，通過這些有限的機會，專心的人就可以獲得比其他人更多的成就。那麼人生呢？看著時鐘的秒針一圈圈地不斷循環，我們會以為人生就像秒針一樣沒有盡頭，但是人終究難逃一死，因為我們的人生就是只有這麼一次的機會。

在死亡面前，成就的多寡並不怎麼重要，比起數量而言，這一生過得有意義且不後悔才是重點。只要深刻領悟人生的時效性，能夠更加珍惜生命、認真地過好每一天，就可以避免抱憾終生。如果想要一生無憾，就必須謹記死亡。

德國戲劇家貝托爾特·布萊希特（Bertolt Brecht）曾說過：「不要畏懼死亡，要畏懼不爭氣的人生。」這是一句多麼意義非凡的話呀！所以我無法滿足於現在，隨時為了更好的人生思慮著。正因為有結束，才是真正的生命，而死亡，就是生命的句點。如果我的人生是一篇文章，我可不想在這些雜亂無章、語意不通的句子後面畫下句號。所以記住了，時刻將死亡銘記於心，警惕自己珍愛生命，好好過每一天。

上班族創造上億資產的方法

現在的一億韓元不如過去，雖然財產上億已經不再擁有那麼大的存在感，但是它依然是一筆很大的數字，對於一個月入不到一千萬韓元的上班族來說，上億簡直就像個遙遠的傳說。目標太過於遙遠的話，就會有很多人提前放棄。別說是要當有錢人了，就連買個房子少說也需要幾億韓元，那麼月入僅僅二至三百萬韓元的上班族，要怎樣才能湊到這樣一筆錢呢？

網友「上班族福饅頭」曾在一間大企業裡當設計師，靠著獨特眼光和對時尚品牌的敏銳度，她順利成為一名耀眼的設計師。不過在剛出社會時，身為新鮮人的她，也曾因為太在意別人的眼光，把大半收入全都花在購買流行服飾上，導致當時的生活開銷漸漸讓她難以負荷。

太過在意別人的目光是大部分人購買名牌的原因，不論消費金額大小，曾經有過購物成癮經驗的人都說，「什麼都沒有的時候，或是感覺很自卑的時候，我會很執著於購物，想用這些消費把自己的空虛填滿。」但是這種為了在別人眼中看起來有能力、有財力，所謂看起來有「購買能力」的消費，其實並不是為自己喜歡而買，而是為了給別人看而買。

靠著月入二百萬韓元，在二十幾歲就成功創造一億韓元奇蹟的 YouTuber「金精明理財人」，也曾經過度依賴他人的視線，對外向的她而言，走到哪裡都受人歡迎是人生的最大支柱。然而，這條成為「風雲人物」的路，絕對不如想像中的平坦順遂。美甲、戒指、首飾、腕錶、皮夾、包包等這些肉眼可見的品味，都是基本配備。於是，當花出去的錢比賺進來的多，這種生活日復一日，讓曾以散播幸福能量而自豪的她，某天赫然發見自己竟然開始計畫做整形手術了。

這種因為過於在意別人而開始的消費，可不是女性的專利。從釜山餐飲業發跡，到現在將事業版圖擴大到各領域的企業家韓峻泳董事，也有一段和她們相似的過去。韓先生小時候曾經因為對外表沒自信，再加上學生時期受到同學霸凌，所以長大之後，他更是對於外表打扮非常要求。每月三百萬韓元的薪水，不但購入高級賓士車，還要添購名牌衣飾，然而這就像飲鴆止渴，虛假的幸福並不能長久。

彷彿在電影裡，隨著「就這樣，某一天」這句台詞一出現，主角們紛紛陷入各種衝擊和混亂，然後開始絕地大反攻，出現和過去完全不一樣的力量。就這樣，某一天，一切都不一樣了。這句台詞很快就找上了「上班族福饅頭」，到了三十五歲，這個不太受中小企業歡迎的年紀，她開始感到不安，被「如果離開現在的公司，之後可能要到不太想去的職場賺錢」的想法淹沒。於是她決定鼓起勇氣邁出第一步，改變消費習慣。

「上班族福饅頭」瞭解到財務槓桿原理，利用貸款投資，並且將買化妝品、包包、鞋子等這些平時的消耗品省下來，為自己的未來謹慎投資。與其裝扮現在混亂的自己，不如將消費的目標鎖定在改變未來的方向。她這次買的商品是「不動產」，跟之前花的是一樣的錢，但是這次的消費卻和「儲蓄」以及「投資」有關。她決定將花費改成放在像這種會隨著時間變化，價值逐漸增加的商品上。

「金精明理財人」呢？某天當她厭倦日復一日的生活，在家休息的時候，突然注意到「家」這個空間的重要性，發現原來自己真正需要的，是一個能安穩居住的家。於是她抱著想購屋的打算，跑到房屋仲介一看，才知道房屋至少都要上億韓元，而她的戶頭裡只有不過幾百萬韓元。不過沒關係，至少別再浪費了，下定決心「至少先存到一億韓元吧」，就此開啟了她的節流人生。

而韓峻泳董事則是喜歡穿戴最潮的流行服飾，用各式精品、名車彌補心裡的空虛。不知不覺間，他背負的卡債越來越多，壓得他喘不過氣，只要一想到鉅額的卡債，就壓力大到睡不著覺。於是他想，現在比起消費，更需要開源。他想到一個可以一邊工作一邊增加收入的好方法，就是網路商店。他從自己最有興趣的潮流服飾著手，撐過開業初期的困難，靠著副業賺進比當初的卡債更大的數目。

以月薪為基礎，走向財富的路有很多，可以利用存款投資；如果沒有存款的話，從現在開始存也不遲；或是開展副業，增加金流。沒有哪一個方法是唯一的正確解答，找到一個適合自己現況和性格的方法就可以了。比起方法，更重要的是得趕緊開始，然後不要中斷，保持下去。

經濟學講師兼專欄作家金慶弼曾說：「存不到錢不是因為節不了流，而是因為沒有明確的目標，所以無法下定決心存錢，導致一些不需要的浪費。」因為缺少目標和方向，眼看定存合約到期了，一拿到錢的第一件事，就是想著去百貨公司大買特買、換新車，或是心情大好就開始買禮物、請吃飯，大筆大筆地浪費；相反地，如果有明確的目標，就會在消費前先計畫好儲蓄，並把儲蓄拿來投資。

當「就這樣，某一天」到來，過去那些活得漫無目的的人們，開始思考人生和目標。「上班族福饅頭」改變了消費模式、「金精明理財人」選擇節流、韓峻泳選擇開源於是開創了副業。看別人的人生，總覺得巨大的改變就這麼輕易發生。然而在我看來，我們的人生並沒有哪一個瞬間，會出現像電影裡一樣的跌宕反轉般的劇情變化，如果我們不親自邁出那一步，就什麼事都不會發生。如果你正等待著變化到來，即便是再渺小的開始也無所謂，請立刻行動。

成功人士的早晨絕對不一樣

不論做什麼事情，開始很重要。就算開始只有些微偏離正軌，隨著時間發展，事態很可能會變得難以收拾——所以，一日之計在於晨，早晨非常重要。我想說的不是早起的鳥兒有蟲吃，這種老掉牙的陳腔濫調，而是經過社會科學實驗證實，的確有些人早上比較有效率，但也有另一類人則是晚上比較有精神。不過由於龐大的社會體制，強制規定朝九晚五的時間規律，所以很遺憾，我們都得遵守這個秩序。如此一來，掌握住早上的時間，才能夠過好一整天。

早上的一分鐘和下午的一分鐘，時間密度是不相同的，所以早上起床後，盡可能讓自己快點清醒非常重要。就算七早八早爬起來，如果一直昏昏欲睡提不起勁，早起也就顯得沒什麼意義。重點是要在短時間內，讓自己打起精神、進入狀況。說真的，並沒有什麼所謂的「舒爽起床法」，唯一有效果的方法，就是盡可能讓自己得到所需要的睡眠時間。但是近年來因為智慧型手機的普及，大家總喜歡在睡前多滑幾下手機，明明這個行為沒什麼意義，卻時常導致晚睡。事實上，晚上十點到十二點之間，的確是網路訊息量最為尖峰的時刻。由此可見，有多少人習慣在晚上入睡前滑手機，從很多層面來說，智慧型手機都是睡眠的敵人，睡覺之前最好盡量不要用手機。擁有優質的睡眠後，早上便能舒暢地起床，養成這樣的習慣，生活品質就會得到全面改善。

這個世界上有很多種地獄，但是沒有一種會比通勤更令人煩躁。一樣的上下班，如果能夠早一點，避開大批人群的擁擠時間，就可以減少生理和精神兩方面的能量消耗。那提早上班後，多出的時間能幹麼呢？一般這個時間，辦公室大多空無一人，所以這時候最適合用來與自己獨處。雖然時間不長，但如果能拿來看個書，就會感覺充滿幹勁和效率；若能再把早上讀到不錯的內容，和周圍的同事們分享，還能為職場的人際關係加分。

早晨的從容得來不易，每個人的早晨都時間緊迫，即使能夠早起也有限。所以在起床後想到什麼才去做什麼，是非常沒有效率的。這種時候就需要「時間外包」：能夠事先準備的，睡前就都先整頓好，即使不是什麼很厲害的準備也無所謂。譬如，先想好明天要穿什麼，睡前先把衣服準備好，就算只能省下三十秒也好；另外，睡前可以仔細想一遍隔天的計畫，這樣潛意識就很有可能會幫我們規劃好隔天行程。相較於意識，我們在潛意識之中所處裡的資訊量非常龐大。利用短短的時間，在睡前稍微確認一遍明天的待辦事項，就能更有效率地運用早上的時間。

可能有人會說「省這麼幾分幾秒的，有什麼用」。的確，只實行一天是沒什麼用，但是這一輩子有很多天、很多個早晨，如果能夠持之以恆，就算是寸絲半粟般渺小的改變，經過時間的累積，最後的成效也會不同凡響。習慣決定人生，所以即便是很小的好習慣，也應該盡力為之。一天的早晨就像是大樹的根，得先照顧好樹根，讓樹根茁壯，才能牢牢抓緊土地，我們的人生也就不會經常惴惴不安。

蘋果公司的執行長庫克（Timothy Donald Cook）每天清晨三點四十五分起床、前星巴克執行長霍華・舒茲（Howard Schultz）四點三十分起床、而維珍集團總裁理查・布蘭森（Richard Branson），和時尚雜誌總編輯安娜・溫圖（Anna Wintour）則是五點四十五分起床。提到這些人，不是讓你跟他們一樣早起，而是為了讓你知道，早點起床就能掌握時間主導權、支配一整天。至於需要多早起床，可能因人而異。或許有些人只要比平常早起五分鐘就夠了，有些人則需要再更早一些。總之，別總被早晨牽著鼻子走，要學會控制它，這就是成功人士們的早晨所共同擁有的特質。

失敗

成功不是結論，失敗並不致命，重要的是堅持不懈的勇氣。

——溫斯頓．邱吉爾

即便已經想到失敗的結果，只要夠重要，就有嘗試的價值。

——伊隆．馬斯克

如果你沒有常常失敗，就代表沒有在進行任何重要的嘗試。

——伍迪．艾倫

友誼斷捨離，和交朋友一樣重要

韓國人覺得人生是「七分運氣、三分命運」的組合，所以我們相信人生常常被運氣左右。然而你可能沒有想過，其實「交朋友」也是一種運氣，朋友多半靠著運氣相識。就像我在學校念一年五班、座位在教室裡第八排一樣，坐在我附近的同學，以及那些性格和我比較處得來的同學們，自然會成為朋友，這一切都是運氣。大部分人都以為，交朋友的過程是我們主動且主觀的篩選，最終才成功結交。雖然看起來確實各有喜好和選擇，好像都是我們的自主意識所決定；實際上，這一切都發生在命運這個巨大的框架裡，根據我們居住的地區、被分配到的學校，在這些固定因素條件下，最後剩下的枝微末節才有主觀的發揮空間。所以比起如何結交朋友，更重要的反而是如何斷捨離。相識是運氣、是命運，而當機立斷的拒絕，才是我們自主意識所做出的選擇。

上學的時候，因為還沒完全建立自主價值觀，和朋友們一起玩，除了開心還是開心，沒什麼太大的問題。長大之後，當我們擁有固定的價值觀和原則，各自出現不同的人生目標，就很容易和曾經要好的朋友發生爭執。因為價值觀的衝突，疾言厲色、怒目相向，最後發誓老死不相往來。友誼的斷捨離是一件很令人不捨的事，但是首先最需要被放下的，就是那些不尊重對方價值觀的人，因為價值觀是一個人的本質和人生的核心基礎。而那些不懂得尊重別人價值觀，甚至是無視或否定他人價值觀的人，基本上比起朋友更接近敵人。朋友不需要擁有相同的價值觀，但至少應該相互尊重對方的人生，一段缺少尊重的關係，就沒有維持的必要。

朋友是僅次於家人的親密之人，有些友誼甚至形同家人。不過，正因為朋友的位置如此重要，就更加不能隨意挑選，必須謹慎小心——越是親密的朋友，就越需要冷靜理性的審視。如果你對朋友的唯一條件是，尊重價值觀就足夠了，那麼你可能覺得我這樣的利益分析太過現實。然而沒有一段關係會是單向的，你需要用冷靜和理性審視朋友，更需要用相同的方式審視自己。仔細想一想，自己對於朋友來說是什麼樣的人，是否瞭解並且尊重他們的夢想和目標，或甚至有沒有真心支持他去追求夢想。只要像這樣，進一步思考和朋友們的關係，就會對友情和自我有更深一層的瞭解，便能和值得的朋友累積更深厚的情誼。

電影《心靈捕手》中，主角威爾（Will）雖然擁有天才般的頭腦，卻很容易因為被嘲笑而跟人吵架。而他的好友是這樣說的：「你是我的好友，別誤會我的話。如果二十年後你還住在這裡，依然在這裡當工人、來我家看錄影帶，我會宰了你。我不是在開玩笑，我真的會宰了你。你擁有我們所沒有的才能，五十年後我依然會在這裡過著用勞動換取金錢的工作，但我無所謂。可是你現在這個狼狽的樣子，就像是中了彩券卻害怕得不敢去兌獎。我願意用任何東西去換取你的才能，這裡的其他人也跟我一樣。你在這個地方頹廢二十年，是對我們的一種侮辱，也是浪費時間。你知道對我來說最棒的瞬間是什麼時候嗎？就是當我走到你家巷子，站在你家門口敲門，卻發現你不在的時候、發現你連再見都沒說就離開的時候，就是最棒的瞬間。」

希望各位都能擁有一位這樣的摯友，當然，如果你自己也能成為這樣一位摯友，那是最好不過了。

一生中一定要遇見的人

聽說，擦肩而過也是一種緣分，「邂逅」對我們的人生就是有著莫大的影響力。有些命運般的相遇，甚至會完全改變人生的方向。即便只是一介泛泛之輩，當你回顧走過的這一路上，每個決定性的瞬間總有一些人存在，無論是開心的時刻還是疲憊的剎那，總有些人常伴左右。我的人生沒什麼了不起，但是我現在過得很滿足，我很投入在自己的人生，不需要跟任何人比較。可以這樣幸福過日子的祕訣，當然除了自己的努力之外，最大的影響是來自於周圍人的幫助。好運的我，到底是遇見什麼樣的人，能帶給我這麼正面的影響力呢？

一、帶給我新鮮靈感的人

我曾經是個很自卑的人，特別是在某領域比我強或是比我優秀的人面前，會更容易覺得自卑。同時，我也好奇，那些人是如何能夠爬到這麼高的位置，還擁有這麼多能力的呢？越是覺得自卑，我就越是感到好奇。不知不覺間，某天當我的好奇心超越了自卑，遇到比我優秀的人，我開始會毫不猶豫地請教他們：「您的祕訣是什麼？是如何做到的？」不過不是每次都能得到解答就是了。然而經過每次與各領域領航者們的問答，我似乎又能更深一層地瞭解這個世界。

首先我的第一個領悟是，雖然每個人成功的原因不一樣，但是他們大部分都是拼命努力爬上來的，並且他們的這些努力，無論在質或是量都是壓倒性的強烈。於是我發現，和這些人的努力相比，我做過的那些努力簡直不足掛齒。就這樣他們打破了我思考的框架、幫助自己快速成長，而這個過程持續了十年之久，以至於我現在已然成為一名和過去完全無法相提並論的人。長期下來，經過和這些為我帶來新鮮靈感的人們直接、間接的相識，然後自己不斷地實踐，讓我能向更好的未來發展。

二、可以互助的人

互助是一個褒義的詞彙，也是大家常掛嘴邊的詞，但是真正體驗過的人卻不多。比起互相競爭的關係，互助的體驗就是將焦點放在互相的協作，所以不管哪一方受惠，都不會太過羨慕或是忌妒，反而會試圖與對方創造交集點、共創盛舉。然而，為什麼我們大多沒有感受過這種正面積極的人際關係呢？原因是，真正能做到互助的人其實不多。想要和不同的人聚在一起，共同創造互助增效的道理，就跟在交響樂團裡演奏是一樣，各自演奏的樂器都得要相當熟練，才有可能共同創造出雄壯的樂章；相反地，只要其中有一位成員失誤，非但無法達成互助效益，甚至有可能連同其他成員一併拖下水，將大家的努力全都毀於一旦。

如果想要試著超越自己，就一定得要找到能相互合作的人。但是請別忘了，當組成某種連結組織網時，你本人得要擁有能獨自作業的能力——簡單來說就是，這個組織裡的每一位成員，都得具備獨自完成一人份工作的能力。千萬別忘了這個原則。

三、想為他付出一切的人

我個人認為「愛」是人類能最高等級的情感活動。能得到別人的愛，是一件非常幸福的事；而能愛別人、為別人付出愛，則是一件更幸福的事。表面看起來，可能會以為被愛的那一方比較幸福。其實不然，被愛的喜悅並不是被愛的那一方可以控制的，如果沒有人愛你，你的心就會一直感到空虛，無法被填滿；相反的，愛一個人，在某個時間點，用多少心思、多少精力，都是可以自由控制的。

習慣了付出的快樂，就能擁有人生更多的主導權。想像一下，當你擁有人生的主導權後，遇見了願意付出一切的人，這將會成為你活下去的最大動力。其實這就跟成為父母的感覺很像，所有的家長們都異口同聲地表示，養育孩子真的太累了。不過結果是，他們大部分都做得很好，因為他們遇見了願意為之付出一切的人。我想，遇見另一半的時候，是從腦子裡想著要為對方付出一切；而和另一半結合遇見了自己的孩子時，則是發自內心的想為孩子付出。

拉爾夫・華盛頓・索克曼（Ralph Washington Sockman）曾說：「真正的戀人就像是欠了愛人的債」，這是一句毫無贅字的箴言。我個人喜歡將名言舉一反三，稍做變化和延伸。就像這句話中，即便將其中的「戀人」改為「緣分」也毫無違和感，反而能容納更多層次的人際關係。

人生中不斷結下的每一段緣分，就像是欠下了鉅額的債；與每一位佳人的相識，都會成為人生巨大的財富。雖然我們本身依然有很多的不足，但是此刻，似乎是一個可以努力成為他人的財富的好時機。所以在這裡，先預祝正在閱讀本書的每一位讀者，真心的期盼各位，希望藉由我們間接的相識，能夠讓你們獲得靈感，成為一個創造契機的機會。

三十歲是什麼？

三十歲是一個被賦予很多意義的年齡，首先是二十歲結束了，讓人有種生命逐漸在凋零的感覺；然後突然之間，你發現自己手裡的籌碼其實並不多，又沒有什麼成就，可是未來的重擔卻非常重。未來要做的事情比過去做過的事情多了好幾倍，於是二十歲曾經的夢想和希望，瞬間就挫敗在現實裡。特別是在韓國，十幾歲的青少年很少有機會學習獨立，到了二、三十歲才姍姍進入「後青春期」，同時還得要開始和四、五十歲的長輩交流，這些都是過去從來不用面對的事，於是進入三十歲就給人一種負擔和窒息的感覺。不過我們也不用想得太消極，所有走在前頭的前輩都說過：「三十歲還是非常年輕的。」

大部分的人，對於三十歲尚未有所成就這件事，都有很深的誤會。但是這其實不是誰做錯、失敗了，應該說是理所當然的。最近這幾年，由於社群媒體上出現的種種現象，更是嚴重加深了我們對三十歲就必須有成就的誤會。極其少數的人的確運氣很好，三十歲的時候就能夠活出自己、獲得財富自由，不過就像我說的，他們都是極少數案例。

實際上，現在最該擔心的應該是，不論是成為什麼樣的人、做什麼樣的工作、去什麼地方，你是否能將過去所學融會貫通，並將其升級為能夠維持生計的能力。把我們所擁有的技能，帶入絕對值計算並沒有多大意義，如果是曾經認真學習過的內容，那麼是否能夠通透瞭解並真正獲得這項技能，才是最重要的。然而事實上，光是能夠獲得一次認真學習的機會，就已經比想像中的困難。大多數的時候，都只是被現實推著向前，忙著思考該如何逃避這些辛苦的瞬間，最後真正被留下，並轉化為自己能力的，實在是少之又少。

即使如此也不用太消沉，因為我剛剛才說過——三十歲還很年輕。早些醒悟，一點一滴將過去沒能做好的補上就可以了。用大學的主修課程舉例來說，如果下定決心要好好複習某些專業的核心課程，單單利用下班和週末的時間，大概也只需要兩年的時間，就能夠完成全部的內容。當然，這肯定是一件很累人的事，不過如果現在不克服，這輩子可能都會活得很辛苦。

三十歲雖然是一個很年輕的年齡，但是有一件事，如果能從此刻開始，早早著手準備是最好不過的了，那就是為健康設立一些良好的生活習慣。前輩們常說：「過了三十歲以後，人生會在某一個瞬間『咻』地過完了。」但是年輕的時候，誰都沒把這句話放在心上，我也是如此，接著我也親自體會到「咻」地就過了大半輩子的感覺。這世界上有些事情絕對不能隨便，健康就是其中之一。早早開始為健康做打算，養成生活上的好習慣，在未來它將會成為你與別人競爭時最強大的力量。請記住，人生從某個時間點開始，體力將會在實力中扮演非常重要的角色。

三十歲也是人生中一個等待巨大改變的時期，大部分的人會在這個時期結婚、生子、組建家庭。以前只要顧好自己就足夠的日子，現在開始要擔起生活，為別人負責。而這些生活的擔子，比想像中的更加沉重，難怪我們常聽見生活中那些老前輩吐苦水或是發牢騷。

不過不需要太過擔心，因為發洩完、閉上嘴後，其實他們幾乎都做得還不錯。世界上有模擬考試，但卻沒有模擬結婚或是模擬育兒，所有的經驗都是第一次，所以難免覺得生疏，不過大部分的人其實都還是做得不差。因為這些事情不是考試，沒有唯一的正確答案，只要盡我們所能努力去做，這些事情就是一個過程，一個把我們的努力變成正確答案的過程。所以根本就不需要練習，人生的問題源自於自己，所以解答也在自己，完全沒有必要為此感到消極。

如果有人問我想不想回到三十歲，我會回答：「不想。」因為就連正寫著這篇文章的我們，平均年齡三十八歲，都覺得依然還很年輕。回到三十歲那個年紀，我們可能會表現得比第一次經歷三十歲時更好，不過現在並不會特別想回到那個時候。即便我們現在還是有很多的不足，不過哪怕是從此刻開始努力，未來依然有很大的發展空間，完全有機會去享受這一生的成果。所以我並不想回到過去，你看看我們，就連這樣四十歲的大叔都覺得自己還年輕，三十歲的你，和我們比起來是不是很稚嫩、很青澀？所以快拋下那些沒用的想法，好好思考這短短的一輩子，應該如何過得更充實吧！另外，我想向各位超過三十歲，每天覺得自己正一天天老去的朋友們——當然也包含我自己，推薦一句神聖羅馬帝國作家的名言：

「想要成就大事，就不能上了年紀還成不了青年。」

——歌德

職業的屬性

不是什麼事情都只要埋頭苦幹就夠了。就像釣魚時，在需要用蚯蚓這種葷餌的地方，要是撒下素餌，那麼魚兒上鉤的機會就會很低。同樣地，在你準備開始努力之前，得先搞清楚自己的職業擁有什麼樣的屬性，如此才能設立正確的策略方向，用最少的努力換取最大的成果。世界上有無數種職業，但是我想以教育業為例，比較教育業和一般商業在屬性上的差異後，一起想想要如何建立合適的策略。

為了能更簡單地說明，我們假定一般商業是販賣物理性商品，而購買商品的人，則稱為購買者。一般來說，購買者所購入的是某種「結果」，但是教育則不同，所以在職業的屬性觀點來說，對於在教育方面支出的人，無法單純稱之為購買者。這些人雖然跟其他人一樣，都是支出了一定的費用，但是嚴格說起來，會稱他們為學習者。學習者跟一般的購買者有什麼不同呢？其中最具代表性的差異就是，學習者無法購買最終的「結果」，他們是為了「過程」而支付費用。

一個事業通常有很多核心重點，而銷路的好壞當然舉足輕重。不過相較其他產業，教育業相對地比較不容易提升銷路，為什麼呢？因為販賣一個實體商品時，購買者能夠清楚知道自己想要買的是什麼。以買腳踏車為例，再怎麼樣也絕對不會幫四歲兒童購買一輛成人用的腳踏車，可能會買三輪的腳踏車，或是帶有輔助輪的二輪腳踏車。意思就是說，購買者會選擇一輛符合使用程度的腳踏車。在購買這種一般商品的時候，對於購買者的「後設認知」並沒有很高的門檻要求。

而教育就不一樣了，假設學習者想要學好英文。因為學習者對於英文好的標準很少有具有清楚的認知，在這種情況下，他們多半會盲目地將學習英語的最終目標設定為「和英文母語者說得一樣好」。以現實的觀點來說，雖然每個人需要的英語能力可能是天差地別，但是真的有很多這種沒有具體目標，盲目將學好英文當作是最終目的而開始學習的例子。

最能作為想要學好英文的例子就是考試。當處於這種情況，因為擁有定量化的目標，相對來說更能明確知道自己想要的是什麼。即便如此，教育也依舊是一個購買過程的產業。如果學習者想要拿到多益九五〇分，但是目前的成績是二〇〇分，不論投再多錢下去，事實上也不可能在短期間內立刻得到高分。也就是說，先要能夠對於消費者的狀態有確切認知，才是真正的開始。所以對於真的想好好投身於教育業的人，比起商人，他們應該更偏向治療師的角色。

要成為一個好的教育業者，只是正確判斷學習者的狀態、提供一條龍服務，並不足夠，大部分沒有成為優秀教育業者的人都是卡在這一關。一般來說，補習班可以教得比學校好的原因很簡單，首先有很高的機率是學生們自發性地來補習班上課；再者，補習班老師們常常比學校老師的教學更有趣，如此便賦予學生們更高的學習動機。而販售過程的產業最重要的就是賦予動機，達到這樣的狀態後，再通過正確的程序，通常最終成功的機率就會很高。單靠一個好企劃，事實上無法在補教業站穩腳跟，得要先立下正確的流程，而努力的重心則是「賦予動機」。

舉例來說，假設我們正在經營一間英語會話教育機構，學員們一開始都很有企圖心地購買六個月的學習課程，但最終卻只有少數人能夠持續上到最後一堂課。此時，如果老師們可以一一聯絡那些不來上課的學員，學員出席率將會上升百分之十左右；還有些學員，因為太久沒複習，可能就會覺得沒希望了，並想要放棄這個課程，此時，幫助他們將學習目標重設為「剩下兩個月了，大家最後再加把勁吧！」就顯得十分重要。老師們在連絡學員的時候，統一使用機械式罐頭簡訊的效果其實比想像中還要差，沒人會喜歡那種毫無靈魂與誠意的簡訊，與全體發送式的新年拜年簡訊是一樣的道理。並不是發送訊息就完事了，訊息發出後，和學生一來二往，多少有些互動之後，就很可能大幅提高學生的出席率。雖然只是一個小小的互動，但是對於販賣「過程」的行業來說，這種細節的小動作將帶來很大的回應，而它有可能就是造成巨大銷售金額的關鍵。

以上說明了販售「過程」和「結果」兩種行業不同的屬性。通過思考並正確掌握各產業發展的根本非常重要，有些工作販售的是完整的「結果」；有些則是以「機率」作為販售的本質；有些利用商品的「即時性價值」作為營業項目；另外，有些則是以商品「未來」價值作為主力。

像這樣用各種不同的觀點去分析和學習不同的產業，就可以很快建立起穩固的經濟策略，如同前面所提到販賣「過程」的教育產業，並不是出售流程走完就沒事了。雖然可能有點費工，但是經過長時間不停地持續觀察，將會得到最終結果的成績，而這些成績則可以被有效利用在未來的行銷和廣告。教育產業本身販賣的是過程，行銷並不是單純宣傳結果有多好，而是要用學員們的實際例子做展示，提升競爭力。

無論你正從事什麼樣的行業，都開始試著分析一下產業的本質吧！不只是企業家和老闆，就算你只是在打工、在讀書，甚至只是在和某人談戀愛，都可以試著對其進行分析。如果能藉著這層思考，得到一些領悟，那你就不僅僅是工作表現優異，還能對這個世界有更深一層的理解，獲得獨一無二的洞察力。最終，你不僅能藉此瞭解產業的關鍵，通過這個發現，將會挖掘到這項工作帶來的愉悅和成長。

挑戰

生活中讓我感到有趣的事，總是從那些巨大到要努力克服、或是無論誰看來都是很困難的挑戰而來。

——理查·布蘭森

挑戰使人生變得有趣，克服挑戰使人生變得有意義。

——約書亞·馬林

無論是誰，在任何時間地點都有可能失敗，而我無法接受的是什麼挑戰都不願嘗試的人。

——麥可·喬丹

沒有尊重的關係不存在

被虛假幸福欺騙的我們

有錢人的儲蓄方法不一樣

年輕絕對不要太過辛苦

語錄：讀書

機智且充實的下班生活

絕對沒有簡單的賺錢方法

一輩子倒楣的人有三個特質

真正的學習是什麼？

語錄：變化

沒有尊重的關係不存在

尊重在字典上的意義是「尊崇並重視地對待」。或許多少有些程度上的差異，但是基本上無論什麼樣的一段關係，在沒有尊重的前提下都無法成立。特別是當某段關係發展得越深入、越親密，彼此間的尊重會變得像萬有引力一樣深深吸引著、維持著這段關係。就讓我們一起想想，什麼才是尊重對方的舉動，而在關係之中又需要多少程度的尊重呢？

尊重的開始就像字典定義一樣，要將對方的地位提高，這意味著我們得先放低自己的姿態。此外，如果想要真正尊重對方，就得先瞭解他所重視的人和物，並且認同他、和對方感同身受，這樣才是重視對方的表現。不過因為很多人都會將自尊視為珍寶，所以對這些人來說，只要不顯露出輕視他們的態度，都還能算得上是基本的尊重。

然而其實在很多情況下，我們會無意識地露出輕視對方的態度，特別是當關係越緊密，越是可能出現這種情況，因為我們會理所當然地以為對方一定可以理解。我們常常不是出於本意，但是卻做出一些輕視對方的舉動。這些舉動與其說是「輕視」，不如說更像是「沒想太多」，但是對於對方而言，這兩者並沒有多大的差別。所以我才會說，越是親密的關係，其實需要更加謹慎小心。「沒想太多」的這些舉動很容易會變質為「輕視」，尊重不知不覺間就會消失了，一段關係也就隨之而散。

所以習慣很重要，尊重對方的這個習慣，比人生中的任何習慣都要有價值。習慣得經過訓練才能養成。以我的情況來說，在餐廳吃完飯的時候，雖然我只是普通的客人，但是我總會大聲地說「我吃飽了，很好吃，謝謝您」；結帳完如果另外得到一些招待的話，我也會隨時道謝，「謝謝」就像我的口頭禪了。

去餐廳吃飯的時候，偶爾遇到態度不佳的服務生。即便如此，當他幫我們這桌上完菜，我還是會微笑地跟他說聲「謝謝」。同桌的朋友見我如此，都忍不住唸我兩句：「服務生態度那麼差，你還謝什麼謝！」不過我並不這麼想，至少我認為，如果由自己先表現出尊重對方的樣子，對方就很可能會改變態度。對方態度不好的時候，若是連我都一起擺臭臉，我們之間的關係就完全喪失改善的機會了。

其實我本來也不是隨口會說謝謝的人，但是當我意識到人際關係的重要性後，便將人際關係的關鍵設定為尊重。經常表現出尊重對方的樣子，自然而然就養成了一種習慣，而這個習慣在那些跟我越是親近的人身上，帶來更加正面的影響。

現在我對家人、父母與公司同事都很常說謝謝，這個舉動不僅鞏固了我們的關係，更從心情上影響了我，讓我的人生更加豐富。這不是很好嗎？在我的人際關係裡，中心就是我自己呀，若是這個連結網絡能夠藉著尊重累積彼此信任的力量，幫助整個系統的連結更穩定，其中最大的受惠者會是誰呢？就是我自己呀！

都說在夫妻關係中「輸就是贏」，其實這也和尊重有關。只要稍微把文字改變一下就可以看得出來了：「放低我的姿態，就是提升自我。」尊重就是放低姿態的表現，不過這其中最大的受惠者也就是自己，所以放下姿態便是提升自我，而我也經常這麼說：「沒有尊重的關係不存在。」

被虛假幸福欺騙的我們

每一個人對幸福的定義都不一樣，獲得幸福的方式也各有不同，但是我們每個人都想過著幸福的生活。然而環顧周遭，有多少人真正過著幸福人生呢？要找到一位真正幸福的人，應該比想像中還要困難一些吧！為什麼所有人都想有幸福人生，實際上真正幸福的人卻這麼少呢？

原因有很多，不過其中之一就是，大家都被虛假幸福欺騙了。接下來就一起看看這些代表性的虛假幸福吧！揭露這些虛假的幸福，用真實填滿現實，才能實現真正充滿幸福感的人生。

一、虛假的社群媒體

社群媒體已經成為我們生活的一部分，通過各式各樣的網路社群媒體，我們獲得與更多人交流和聯絡的機會，這就是社群媒體所能提供的「最正向」功能了。然而如同生命越是頑強，癌細胞越是活躍一般，社群媒體這種越是容易與多人交流的系統，就越是有機會帶來劇烈的副作用。

我將社群媒體定義為「駭客帝國」，因為它感覺像是真實存在，但實際上卻不是。我們真實的人生存在於現實，但是現實中與他人的聯繫和交流的限制卻比網路要多，所以人們開始聚集在網路上。在網路上說更多的故事，因此又加深對網路的興趣，於是就更加沉溺在網路世界。雖然可能沉溺程度有所差異，但是我們都成了網路上那個故事裡的主角。將自己最帥、最美的瞬間拍下來上傳到社群媒體，等待朋友按「讚」，然後腦中就會分泌多巴胺，讓我們感到快樂。

但是那並不是真的我，那些「讚」也不是真的關心。駭客帝國的存在是一個假象，就算按讚人數瘋狂暴漲，也不會變成人生真實的快樂，有時候反而為了得到虛擬空間中快樂的假象，連真實的人生都犧牲掉了。為了展示幸福，反而無法享受真正的幸福，很多人就正在過著這種本末倒置、被虛假幸福操控的日子。

二、虛假的人際關係

人類是社會性動物，如果不是這種聚在一起生活的社會型態，人類就不會發展成現在的盛況。將人際關係和人生劃上等號，也一點都不誇張。

我們的人際關係圖從最開始的家人、朋友，最後再擴展到職場上相遇的同事為止，這其中有多少是能夠被稱為真實的人際關係呢？我說的「其中」甚至包括家人。

所以真實的人際關係是什麼？每個人的定義可能不太一樣，但是至少應該瞭解對方的價值觀，或是清楚他的夢想是什麼，才能稱作是真實的人際關係。如果完全不知道對方的內心想法，只知道他外表長什麼樣子，能夠稱為真實的人際關係嗎？再說說人際關係的核心「家人」，我想問問你們，有多少人知道自己父母的夢想，甚至是自己的夢想呢？

以前我曾經在一場二百人左右的演講中，做過一個問卷調查，知道自己夢想是什麼的人，只有百分之二十。關於自己都已經知之甚少，更何況是別人呢？結果就是，這些虛假的人際關係竟然都是由自己開始，想要與別人形成一段良好的關係之前，首先得提高對自己的瞭解。也就是得先認識內心真實的自己，這才是真實人際關係的起點。

三、虛假的夢

夢想是支持我們人生的原動力，夢想的本質並不局限在結果，所以對於真正擁有夢想的人，在追逐的過程中就已經很幸福了。但是就如前面說的，真正瞭解自己夢想的人，比想像中還要稀有。很多人都是將即興創造出來的夢，誤以為是自己真實的夢想。

這樣想的話應該會簡單一些：在念書的時候，如果很在意自己的學習成績，你可能在考試期間會花超過一個星期以上的時間複習功課。因為對你來說，在考試中得到好的成績比其他事情更重要，所以我們會拋下那些相對不那麼重要的事，全身心集中在考試上。那麼請捫心自問，你是否曾花過比準備考試更多的時間和精力，努力尋找自己的夢想呢？夢想不會自己從天而降，它必須靠自身的學習和努力才能夠找到。

尋找幸福的方法有很多，其中最確實且時間能維持最長的方法就是找到自己的夢想，一個光是想像就能使你心跳加速的夢想。相反地，如果總沉浸在那些倉促畫出的夢裡，錯把這些虛假的夢當作真正的夢想，反而會拖累尋找真正夢想的步伐，讓我們停滯、不再努力。這就是倉促之下所創造虛假的夢，為何會為你帶來惡果的原因之一。海倫．凱勒曾為幸福下了一個定義「誰都沒有不製造幸福就消費幸福的權利。」很多人都以為，只要下定決心就能得到想要的幸福，但是環顧周遭，實際上真正幸福的人並不多。就像海倫．凱勒說的一樣，幸福得先經過深思熟慮和實踐才能被創造，而很多人卻幻想自己的幸福唾手可得。

或許會有能輕易得到的幸福，但是我們心裡都清楚，越是容易得到的東西，越容易失去。我真心希望，閱讀本書的每位讀者都能得到屬於自己的幸福，並且這份幸福能長久相伴下去。

有錢人的儲蓄方法不一樣

如果想要變得比現在更有錢，就算只有一點點也好，應該要怎麼做呢？如果把每個月一個個分開來看，變成有錢人可能是一件比想像中還要容易的事。就算只有一點點，只要這個月能夠比上個月的財產多一點點就可以了，這個財產可以是有形的財產，也可以是無形的財產，只要投入的時間和金錢，能在我的財產上製造出加號（＋）的效果就夠了。

照著國中數學課所學到的那樣，在一個平面上畫兩條交叉呈直角的線段：橫軸是時間、縱軸是財產。在這個二次元的平面上連接兩個相鄰的點，就能預測未來。隨著時間，要是相對應的點越來越低，就不可能突然在某個時間點上變成大富翁。

如果想在這個平面上越高的地方畫點，就得賺得更多，或是花得更少。兩個都不太簡單，不過相對來說，後者稍微容易實現一些。消費和儲蓄就像銅板的正反面，也就是說為了減少消費，首先得學會有效儲蓄的方法，以下來介紹儲蓄高手的想法和辦法吧！

金慶弼透過和年輕人們的商談，耳聞過他們存不了錢的理由。第一是控制不了自己的生活開銷，每月薪水和手上的現金卡帳單合為一體的瞬間，轉眼間薪水就都消失了，到下個月薪水下來之前，都得過著卡奴的生活。第二個原因是，現在的利率太低，就算是存錢，看著現在不過百分之一不到的利率，一下就沒了儲蓄的慾望了。

知道原因後，我們就得對症下藥，想想解決辦法，儲蓄達人們是如何解決這些問題呢？

第一，針對控制不了生活開銷的問題，達人們表示，他們自己也很難控制生活開銷這一項。怎麼說呢？難道他們不是靠著鋼鐵般堅強的意志力，克制了消費的慾望才成為儲蓄專家的嗎？不，不是的。他們也克制不了消費的慾望，所以在把錢花光之前，他們會盡快把錢存起來。就跟減肥的時候，為了不要勾起食慾，會把各種食物藏到眼睛看不到的地方是同一個道理。

第二，關於利率太低這一點，達人們也有很深的共鳴。就在幾年前，銀行的利率都還能維持在百分之三到百分之五左右，現在竟然掉到連百分之一都不到，也難怪很多人都感受不到儲蓄的樂趣了。但是儲蓄達人們的立場是，「不要因為利率低就選擇不儲蓄，反而是為了達到儲蓄的目標，我們應該增加存錢的金額。」這種鋼鐵般堅強的精神真是讓人都忍不住為他們拍手，而這些達人們所謂的「目標」到底是什麼，能讓他們這麼堅持呢？

拿著五萬韓元的人會想著去找個餐廳大快朵頤一番；而拿著五千萬韓元的人卻會想著去找個

地方投資，這就是心理的魔法。儲蓄達人在儲蓄的時候，不會專注於每個月存了多少錢，而是會專注在目標金額上，現在存的這兩百萬韓元，在兩年後會變成四千八百萬韓元中的一部分。也就是說，他們不會將注意力放在眼前的這兩百萬韓元，而是會專注於四千八百萬韓元這個目標，所以他們的儲蓄習慣就能夠堅持下去。

很多人都在尋找「安全財產」，但是並沒有任何一種財產有百分之百的安全保障，有些財產不過就是長期下來，相較於其他財產，稍有向右上方發展的傾向罷了，或許也有可能在兌現時突然暴跌。如果有人說，世界上真的有安全財產存在的話，你會怎麼樣？比如有人說某個商品，不但能保障本金，還會支付你百分之五的利息，你會如何？如果是一個深知靠股票創出百分之五的收益有多困難的人聽到，他可能無法輕易相信。

意外的是，關於這個的解答「錢精靈姐姐」這個 YouTube 頻道的經營者崔宥禎小姐，在銀行裡找到了。當然，這些機會在我們一般常見到的大型銀行裡，比較少見，但是如果把視線放寬一些、遠一些，在一些地方合庫、合作金庫或地方銀行，這種寶石般的商品確實存在。十二個月或十三個月的儲蓄性金融商品，依然存在韓國人民的附近，最近利率高達百分之五的金融商品也都還在販賣著。

進入韓國的各銀行網站，點選「儲蓄／定存」的商品，就會看到「存款利率」的選項，稍微搜尋一下還能看見各分行的各項金融商品的不同利率。也就是說，現在在某些地方也還是能找到百分之五到百分之六的高利率金融商品。還有另一種更容易找到的方法，就是進入索引窗口搜尋「儲蓄險利率」。不過要注意的是，每一項商品都有一些附屬條件，如存款金額或是地域限制等，所以事先一定要親自確認清楚。

不過如果仔細觀察的話，你可能會發現，這些商品都不是一般的儲蓄商品，而是零存整付的定存金融商品，一般來說定存金融商品，最後實際拿到的利息會比期待的要少一些。假設以十二個月滿期，利息為百分之五的商品來看，第一個月存進的金額會得到十二次利息，而第二個月存入的金額則會拿到十一次利息，最後一個月存入的金額則只會有一次利息。意思就是，利息隨著接近期滿日而愈來愈少，實際上獲利跟百分之三利率的商品差不多。

「錢精靈姐姐」崔宥禎於是告訴我們一個小技巧，就是「定存儲蓄化」，就是利用「先儲蓄續利」的方法。簡單來說就是「把原先計畫要分為幾個月存入的錢，一筆存進去」，假設第一個月就存入六個月的金額，中間每月存一個月的金額，最後一個月再把所有剩餘的錢都存進去，這樣的話第一個月存入的六個月的金額，就能得到和儲蓄利率一樣高的效果，這個方法的其他細節部分，如果有興趣的話，可以上網搜尋學習。

有這樣的金融商品存在，其實就沒有必要再冒風險，去購買有可能創造百分之五收益的投資了，當然那些為了找到這樣優惠的金融商品，所需要付出的努力的確不容小覷，不過網路上有很多部落客和 YouTuber 已經幫忙整理好資料，只要親自去銀行諮詢並購買這樣的商品，下一次再出現此類商品的時候，銀行就會主動聯繫了。從最初的這一次之後，下次開始就可以輕鬆地得到資訊，自己創造收益。

比起五花八門的投資方法，更重要的是邁開腳步，開始行動。白手起家的人幾乎如出一轍，差不多都是節流後踏上儲蓄的這條路。利率下降並不會就喪失了儲蓄的意義，現在手上存的錢越少，就越是需要趕快開始儲蓄。

如果你們還想知道更多韓國人的儲蓄小故事，可以在 YouTube 上搜尋「用零存整付攢兩億韓元姜課長」、「快速存錢金宥拉」、「兩百萬韓元到一億韓元增值記金精明理財人」、「黃金老虎」、「尹堅持」，這些高手除了生活上必須支出的金額之外，將其他資金全部放到儲蓄裡的故事，一點都不藏私地完全公開。

年輕絕對不要太過辛苦

在韓國有一句話：「年輕的時候，即便是得花錢，都得把『辛苦』買下來。」我並不同意這句話，絕對沒有必要花錢去買辛苦回來受罪，如果連基本時薪都拿不到，那就別做了。年輕就開始習慣辛苦，一旦運氣背了點的話，很可能一輩子都得活得像「顧人怨牢騷精」了。年輕的時候不是一定要過得辛苦，而是要盡可能地去擁有各種良好的經驗。如果是一個有生產力的機會，即便得投入其他資源去爭取，都值得一試。若能有機會回到過去，這應該會是我最想聽到的建議：「如果你覺得自己還年輕，那就不要太執著於賺了多少錢，提升能力比賺到的金額多寡重要得多，只要有能力，未來會有很多賺大錢的機會。」

這個建議的重點是，即便只是小錢也要好好地去賺。這裡說「好好地」意思是指，賺錢的同時還要能夠學到一些什麼，或是能夠拓展人生視野的工作。

說到我的過去，在大學時真的打了很多工，我就在這些工作之中，各選一個對人生最有幫助跟最沒幫助的經驗來和大家分享吧！當時我做最久的工作是家教，理由很簡單，因為當家教很輕鬆，收入又很不錯。但是如果讓我回到過去重新來一次，家教應該是我會花最少時間做的一項工作，雖然錢賺得多，但是家教這份工作並不能幫我提升任何能力；而且當時覺得賺得多，是因為單以學生的身分來說，實際算起來，金額也沒有達到可以提升日常生活品質的程度。

相反的，現在想起來卻覺得，當時時薪兩千韓元的錄影帶出租店打工，真的是一個非常明智的選擇。那時候的錄影帶出租店老闆，剛新開了一間炭火烤肉店，已經荒廢錄影帶店的經營好一陣子了。後來因為我去應徵，店才重新開始營業，所以店裡沒有老闆坐鎮，就只有我一個人，我必須自己一人管理整間店面。

首先，我先從拖延很久、尚未歸還的那些錄影帶下手，將他們全數討回。然後為了提高出租量，自己做了一些行銷活動。當時我注意到除了新上映不久的作品之外，其他比較舊或是冷門的影片完全無人問津，所以當有客人沒能借到他們想看的影片時，我就免費出借那些以前的老片子給他們。這樣努力工作的結果就是，店裡的出租量成功地比過去增加了一點五倍。後來老闆還提議，讓我不再以打工的方式兼職，而是直接轉為正式員工。金錢上來說，這份工作的確比家教少很多，但是卻讓我學到非常多經驗。當時我運氣很好，在沒有任何高層限制的情況下，可以主導一些活動和策略，並且真的去實踐；而成果則是通過「錢」這個定量化的媒介呈現，所以能更積極地激起我的熱忱。

也有一些工作，既是高收入又能積累經驗值，我在讀研究所的時候，因為學校是世界大學名校，所以來我們學校參觀學習的人很多。當時旅行社就開出了十萬韓元的時薪，招聘一些研究所的學生來當臨時導遊。我想反正都決定要做了，就仔細做好事前準備。不只是單純地介紹學校，我還說了一些故事，用說故事的方式介紹校園，然後根據參觀人員的身分，回答了一些關於留學的生活問題。這份工作我大概做了十次左右，事後旅行社還不時會連絡我，希望我來幫他們介紹校園。這個時期藉著這份導遊的工作，不只賺了錢，還訓練我在人群面前開口說話的能力，雖然人數不多，但是通過這種小規模的導覽我也練就了過去所沒有的能力。

想要解決生計問題，當然得要賺錢，這就像是鹿去吃草、獅子狩獵一樣自然，這是為了生存下去所必須做的事。但是在選擇賺錢的工作時，在不是那麼緊迫或是有極端高薪誘惑的前提下，希望你們能優先將是否能夠學習到某種能力，作為選擇工作的依據。如此一來，才能獲得一些比金錢更重要的東西。我再次強調，年輕的時候盲目地自找苦吃，最後導致身心受創的例子不在少數，年輕的時候絕對不要太過辛苦。

讀書

讀一本好書彷彿就是和過去幾世紀間優秀的人，進行一場對話。

——勒內．笛卡兒

小時候我有很多夢想，而那些夢想大部分都是從大量閱讀的經驗得來。

——比爾．蓋茲

每一本新的書，都是一個巨大的挑戰。

——彼得．史特勞斯

機智且充實的下班生活

我們雖然都渴望自由時間，但是往往在經歷完某一些窘迫的情況後，就什麼都不做了。學生時代，在考試前我們會計畫考完試後要做的事，安排了一大堆想做的事；但是等真的考完試之後，卻什麼都不做，結果浪費掉很多時間。

不知道是不是因為這種慣性一直持續到畢業，出社會工作之後，也依然如此的人非常多。他們總是想著下班之後有哪些計畫，結果等到真的下班——不論是晚上還是週末，這些人大部分就是像廢人一樣，躺著滑手機虛度光陰。雖然也有少部分的人能好好利用時間，一面做著自己喜歡的工作，一面不忘提升自我，回家後還能好好放鬆休息，但是這類人真的只佔了極少數。大部分的人下班回家後，即便能完成計畫上的事情，也很容易因為覺得累而什麼都做不了，最終陷在體力枯竭的漩渦之中難以自救。人生只有一次，如果想要將人生中的後悔最小化，那就必須擺脫這種為了吃飯所以工作的思想枷鎖，把下班後的時間過得機智並且充實。應該要怎麼做才能妥善利用下班後的空閒時間呢？

一、體力是最基本的條件

那些把人生過得機智又充實的人，總在思考每一件事情的共通點和關聯性。他們得出了一個結論——無論做什麼事情都需要好的體力。所以如果下班沒有什麼特別想做的計畫，那就去運動吧！這裡的重點不是讓你制定一個什麼健身計畫，逼自己一定要訓練出多強大的體能，而是讓你找一個喜歡的或是覺得有興趣的運動去做。因為運動一定要開心才能成為動力，有了動力才可以持續堅持下去。想要光靠意志力去提升體力，有時候可能是一件比工作更辛苦的事情。

最近韓國有很多那種可以跟大家一起運動的活動和課程，網路上也可以找到很多不同種類的運動相關資訊，所以有趣的運動選項很多，能夠選擇的幅度也變得越來越大。選擇一些好玩的運動去做，一邊玩一邊培養體力。當體力提升、精神變好，白天的工作效率也會有所改善，這就是所謂的良性循環。

二、斜槓副業

如果你的公司沒有特別規定員工不能擁有副業的話，我強烈推薦你去挑戰找份副業。其實最主要的原因還是錢，我周圍真的有很多除了在公司上班，還同時在做另一份工作的人。在公司裡常有的情況是，即便拚命做好工作，卻依然無法得到對等的報酬；不過副業多半都是做多少領多少，所以在做副業的時候我們會自動自發地積極努力工作，以獲得更多的報酬。

在我認識的人之中就有人上班還兼做副業，等到副業的情況趨於穩定後，就乾脆把副業轉正，直接轉換跑道。這樣不但縮小了副業的風險，還能增加收入，如果副業做得好的話還可以直接轉成正職，所以我強烈建議各位下班之後或是週末兼做副業。（但如果目前的公司是能夠提供與工作成效相符的報酬，那麼努力做好這一份工作，可能對你而言才是更好的策略。無論何時何地，把握好自己目前的環境和狀態，掌握輕重緩急很重要。）

三、著迷的活動

我用「著迷的活動」這個詞來代替「興趣」的原因，是因為想要建議各位盡量去做自己喜歡的事，而不需要去理會別人的目光和想法。以我自己來說，或許聽起來有點難以置信，我目前的工作本身就是自己喜歡做的事情，我是一個比較特殊的例子。但是如果我繼續待在以前那間公司工作的話，我一定會做兩項「著迷的活動」。

第一個是聲樂訓練。雖然並不是上過聲樂訓練課程就能夠唱得像歌手一樣好，但至少一定會比我現在好得多了。在開心地上完課之後，練幾首拿手的曲子，說不定還能在朋友們結婚的時候，為他們表演，送上祝福。

第二個是室內高爾夫。一般的高爾夫球費用太高，往返一趟又要消耗太多的時間；但是室內高爾夫就不一樣了，經濟實惠不說，還能和朋友、同事們一起玩。不過既然都要玩，不如拚死練習培養實力，之後和朋友同事一起玩的時候還能得到一些稱讚，生活中偶爾享受一下這種小小的優越感也是很不錯的。

雖然每個人的情況不太一樣，不過一般上班族的話，應該還是有足夠的經濟能力，在對日常生活不造成太大負擔的前提下，盡量投資自己的興趣和嗜好。人生中最好投資就是自己，人生只有一次，難道不該活得有趣精彩、不該把自己想做的全都做過一遍嗎？「著迷」是一種為自我而存在的儀式，如果能擁有這種讓人專注而入迷的儀式，哪怕只有一瞬間，也能暫時擺脫平日追著我們不放的憂愁和煩惱。

馬爾科姆．蒙格瑞奇（Malcolm Muggeridge）曾說過：「千萬別忘了，只有死魚才會隨波逐流。」這句名言對於那些成天陷在體力枯竭漩渦裡的人，可說是一記當頭棒喝。很多上班族在職場到處碰壁，撞得鼻青臉腫後，回過頭才發現自己彷彿成了隨著歲月逐流的那條死魚。有些人看了這篇文章可能會說「我真的太累了，真的累到什麼事都做不了」。身為一個過去在公司裡，加班時數總是第一名的加班資優生，我完全可以理解你們的感受。但正是因為如此，就更要多加利用下班後屬於自己的時間，因為唯有這樣，才能斷開惡性循環之間的惡性連結。掙脫死魚般隨波逐流的日子，開始為自己規劃時間後，過去因為慣性而存在的惡性循環便能結束，如此才能夠找回人生的主導權。不需要從一開始就把自己逼得太緊，就算只有一點點想法上的改變，也足夠改善很多事情了；即便成不了活蹦亂條的魚，至少我們還能自我檢驗，確認自己是不是一條「活著的魚」。

絕對沒有簡單的賺錢方法

世界上最累的事是什麼？就是自己的工作。就算工作跟別人一模一樣，自己來做就會感覺更累、更困難。所以看別人的時候總覺得別人過得很好，輕輕鬆鬆就可以賺大錢。特別是隨著網路社群媒體的發達，我們很容易就可以聽到、看到別人的故事，好像簡簡單單就賺大錢的人很多一樣，但為什麼就是有人沒辦法簡單賺到錢呢？

單靠自己努力而獲得的財富是有限度的，重要的是付出的努力隨著時間和環境，能創造出多少附加價值。以時間的觀點來看，「時機」很重要，而再擴大來說，則是我們的付出和努力都得看「運氣」。

現在訂閱人數超過幾百萬的 YouTuber 裡，相對於其他創作者，有很多是從更早就開始從事這份工作的人們。即便其他人跟他們付出一樣的努力，但是因為這些人開始的時機更早，當時競爭沒那麼激烈，也就更容易累積到很多老觀眾和訂閱；反觀現在，就連一些電視頻道都開始做 YouTube 內容，這個工作的競爭可說是比過去增加了許多倍。

運氣雖說是不可控制的，不僅是在YouTube界，放眼其他任何一個領域都好，早開始的人就是能爭取到更多的機會。你可以捫心自問，有多頻繁地去嘗試一些新的挑戰呢？這樣就知道為什麼自己沒辦法簡簡單單就賺到錢了。

在你眼裡，別人看起來好像賺錢輕輕鬆鬆，但是嚴格來說，你看到的只是結果而已，其中的過程完全無從得知，大部分都是表面上的錯覺，讓我們以為別人好像是輕輕鬆鬆就致富了一樣。賺很多錢的人有兩大共通點，就是持續的努力和堅強的風險承受力，特別是承受風險這一點是對普通人來說非常困難的事。某方面看來好像是輕鬆獲利，事實上可能很多都是——只要計畫出現一點點意外或稍微走偏，就會身家財產全部賠進去，越是這種危險的情況，隨之而來的收益比例就會越高。

大多數在判斷別人能力的時候，我們都從對方的外在來評斷，然而像這種風險承受的能力，雖然是一種非常了不起的能力，卻無法表現於外。這種能力除了自己以外，其他人無從知曉。除此之外，還有忍耐力和忍受漫長痛苦時間等，也都是肉眼無法看見的能力。現在正在寫著這篇文章的我，其實今天非常疲憊、什麼都不想做，但是依然咬著牙打出這篇文章。我想正是因為這幾年來我不曾停歇，不斷地寫、拍攝與編輯影片，才能在社群媒體這個行業中得到比其他競爭者多一點點的成功。或許有些人也會覺得我簡簡單單地就能提高銷售量，但是我可以明確地告訴你，我也曾陷入非常可怕的危機。為了克服困境，自己幾乎是賭上生命，拚死一搏。

說到簡單的賺錢方法，可能很多人會想到那些曾經聽過的「內線」情報。不僅僅在投資的領域，情報對就職和創業也非常重要。所以我們總是豎起耳朵，努力想要獲得一些「內線」情報，也就是所謂能賺錢的情報，然而那些能傳到我們耳裡的，事實上百分之九十九都不是所謂的內線情報。

天下沒有白吃的午餐，如果有人送了內線情報給我，那麼不論是人情也好、物質上的報酬也罷，對方勢必有所求。所以這種時候請你先冷靜地判斷，對方是為了維持我們之間的情誼而將情報送給我嗎？另外，送來情報的人本身，是否經濟狀況非常充裕、財力雄厚，以至於不介意與我共享這種賺錢的好機會？結論就是，情報隨著能力而來，能力越大獲得的情報就越多，所以輕鬆賺錢的方法很簡單，就是好好培養自己的能力。

我想跟你們分享一則關於簡單賺錢的趣事。世紀巨人巴勃羅・畢卡索曾坐在一家咖啡廳裡，一位行人路過的時候認出了他，於是拿著一張紙巾請畢卡索幫他畫一張素描，畢卡索畫完後將紙巾遞給那位行人，說道：「五十萬法郎，謝謝。」行人氣得抗議起來：「你就畫了幾分鐘，這也太貴了吧！」這時畢卡索回答道：「不是的，畫這幅畫花了四十年的時間。」

錢能輕輕鬆鬆就賺到嗎？還是只不過是看起來賺得輕輕鬆鬆？就像我前面說的，大部分的人都只看到結果而已，也就是當下可以賺到很多錢。不過這就像是水面上浮現的冰山一角，水面下隱藏的是經年累月積攢下來的實力、為承受風險所付出的努力，以及不可控的運氣。這樣你應該就知道，輕鬆賺錢是一件多麼不容易的事了吧！

一輩子倒楣的人有三個特質

韓國有一詞彙「財數」，在字典裡的定義是「能夠得到財寶或是好事發生的運氣」。所以廣泛地說，「沒有財數」就是所謂的「倒楣」，意指不太有好事發生的意思。而什麼樣的人財數好，什麼樣的人倒楣呢？我們控制不了運氣，但是「財數」就像字典裡定義的那般，比運氣的意義更加具體，所以雖然無法學會控制運氣和財數的方法，卻可以想想如何避免倒楣。這是為什麼呢？接下來就向你們介紹這些，有極高機率會招來霉運的人。

一、搞不清楚什麼事情比較重要

或許每個人的情況不一，但在我們的一生之中，一定有一些事情相對於其他來說更加重要，比如緣分。以單位時間來計算，初次見面是最具有影響力的時刻——不論是跟誰見面，最好都為自己的第一印象多下點功夫。你可能會問，這不是當然的事情嘛，有什麼好說的？是呀，這麼理所當然，大家都知道的事情，為什麼在初次見面的時候，遲到的人還是這麼多呢？所以知道和做到，是完全不同層面的問題。

另外，這些相對來說比較重要的事情，都擁有一個共同的分母。某些事情做好了，就會牽動其他，於是帶動整個分母，而為人生帶來影響，學習或運動這類常見的自我開發就是最好例子。努力學習某一門外語，當這門外語變得熟練之後，幸福感就會增加，同時還有機會為工作加分。這些道理我們都清楚，但是仍然會無意識地將時間消耗在那些與共同分母毫無相關的事情上，然後事後又感嘆：「啊！為什麼只有我這麼倒楣？」

二、只知道珍惜錢財，卻不知道珍惜時間

世界上最珍貴的寶物就是時間，我們會想要多賺點錢的原因也是因為人生時間有限。如果有錢，我們就能用金錢把事情委託給其他人，這樣自己就可以擁有時間，把精力集中在想做的事情上。「時間就是金錢」這句話不是譬喻，而是赤裸裸的事實。

然而很多人聽到「時間就是金錢」這句話的時候，都只是點點頭，實際上無法理解這個道理，依然故我。其中最具代表性的就是有些看似免費，其實是需要浪費大把時間的事情，很多人總是爭先恐後搶著去做。

只要有基本的學習能力和體力，無論是誰，都能去做有基本薪資的工作。所以我們必須思考，現在花時間做的這件事，是否擁有高於最低時薪的價值。不過實際上真的想過這個問題的人並不多；相反地，有經驗的行銷人員，常常藉著「免費」這個魔法用詞，吸引大批人潮願意將自己寶貴的時間拿來排隊。

就像我前面說的，財數是獲取財富的運氣，人生中浪費時間的事情比比皆是，怎麼能單單只看著眼前的蠅頭小利就開心得暈頭轉向，將自己寶貴的時間大把大把隨意浪費呢？如果無法認清時間就是金錢，那整個人生將會很倒楣。

三、重複同樣的失誤

我們不一定要將失誤看得很負面，如果因為想得太負面，以至於不敢面對新的挑戰，這樣反而得不償失。不過一再重複同樣的失誤，則不可相提並論，因為人生是否成功的分水嶺，就算被定義為「不會一再重複失誤」也不過分。

誰都會失誤，所以失誤本身並不是問題；然而反覆性的失誤，和一般單純的失誤不同。一再重複同樣的失誤會形成可怕的惡性循環。為什麼反覆同樣的失誤會形成惡性循環呢？簡單來說，我們對於重複同一失誤的人會失去信任。沒有了信任，就不會再有下次機會。而機會就是運氣，如過沒有了運氣，說得誇張點就是沒了財數。

於是就陷入了不幸的惡性循環，比起失誤，這將為我們帶來更大的損失。如果我們不想掉入這個不幸的惡性循環，就得警惕自己不要重複相同的失誤。只要謹守這一點，就能大幅降低走霉運的機率。

在事情的走向無法順著我們的內心發展時，很多人會抱怨「真倒楣」。以機率的觀點來說，不可置信的荒謬事件是真的會發生。不過大多數的情況，如果抽絲剝繭仔細觀察，你可能會發現線索，原來自己才是這一串不幸事件的根本——有些不幸的種子比想像中的還要小，而另一些則是稍稍注意一點就能輕易清除。所以請記住，如果在一開始的時候只需要花一點點小小的努力，就能避免日後可能出現的大型災難，而藉著小小的努力就能擋下巨大的噩運，還有什麼能比這更幸運的呢？

真正的學習是什麼？

那些熟悉正確學習方法，並通過實際演練進步的人，都有一個共通點，那就是「勇氣」。在「學習」這件事上，實踐的勇氣是畫龍點睛、錦上添花，可能很多人會問，為什麼明明在講學習，卻突然提到勇氣呢？就讓我們一起來聊聊「學習」這個詞的意義，慢慢就能瞭解了。

韓文字典「學習」（韓文中的漢字為「功夫」）的定義是「學習學問或技術，並精通」，學習就是學會之後並掌握精髓、加以熟練。很多人都覺得自己學習了，不過事實上卻是「學過」但卻沒有精通，缺乏熟練的學習就只能算是學到一半而已。

那麼「精通」到底是指什麼呢？韓文字典裡關於「精通」的註解是「通過大量經驗以熟悉操作」。所以說，光是看完一本書或是上完一門課，遠遠不能稱之為學習。真正的學習是要熟練學到的知識，並通過練習和實踐，將「學習」和「熟練」完整結合。

而韓文的漢字「學習」就是「學習而後精通」。再深入說明，學習的「習」本身帶有練習、熟悉的意思，「習」是羽毛的「羽」和自己的「自」相結合而成的會意字，字義上的解釋則為雛鳥自已練習拍動翅膀飛翔的意思。假設我們都是幼鳥，吃著鳥媽媽叼來的食物一天天成長，終於到了該獨立的時候，我們看著鳥媽媽拍打翅膀飛翔的樣子，把拍動翅膀的方法記下來，然後在鳥巢裡啪嚓啪嚓地模仿著媽媽的動作。等到終於能夠百分之百控制自己的雙翅，就得站在鳥巢邊，面對往下跳的恐懼，此時需要的就是「勇氣」。從學習到精通的橋梁，就是勇氣。

沒有人從開始就很厲害。一開始的時候會和想像中的畫面不同，一定會搞得很狼狽。於是因為害怕自己這種狼狽的樣子被別人看見，又或者因為現實彷彿像是一面穿不透的銅牆鐵壁，比預料中還要難以對付，所以幾經撞擊後嚐到了苦澀的挫折感，心裡便開始蒙上一層陰影，漸漸害怕開始新的嘗試。

所以我們才需要勇氣。這裡說的勇氣得重新解釋，有趣的是勇氣的「勇」，本身帶有敏捷、迅速與飛快的意思，也就是說，「勇氣」是指「迅速的氣韻」。而我們需要的態度正是：「學習之後迅速開始實踐，失敗後盡快重整再出發。」

擁有了勇氣之後，經過累積大量的練習，才會達到正確的學習。埋頭苦幹的努力不是答案，有意識的努力才是朝向成功的捷徑，那麼為了精通，我們要如何獲得正確的經驗呢？答案正是「經驗」中的「驗」字。「經驗」的韓文漢字解釋為「通過試驗」。而試驗，則是幫助我們將所學之物儲存到長期記憶裡最好的策略，所以如果能夠好好地累積經驗，所學的內容就能被完全吸收，並成為我們的一部分。

大部分的人即使學過了，最後也沒留下什麼記憶的原因很簡單。第一就是因為不夠熟悉。你覺得自己把書看過一遍，就能完全消化其中的內容了嗎？這是一個很大的誤會，那麼你認為同一本書，單單是看過幾次之後，就能將書中的內容累積在腦子裡了嗎？你錯了，這絕對是個錯誤的方法，這個方法如果只是說「學」些什麼的話，應該很多人都能算是箇中好手，不過若是要將學習和實踐相融合，最後成為某個領域的匠人的話，在「熟練」上下的工夫還遠遠不夠，你得要好好反省並且加以改善。

《論語》開篇最先說到的就是「學而時習之，不亦說乎」，白話來說就是「時常溫習所學的事物，不是件很快樂的事嗎？」關於真正的學習，我想應該再也沒有什麼說明能比《論語》說得更貼切了吧！

變化

變化的第一步就是發現，第二步是承認。

——納撒尼爾·布蘭登

改善就是改變，完美就是一次又一次的改變。

——溫斯頓·邱吉爾

如果只是等待別人帶來的變化或是更好時機的到來，結果什麼改變都不會出現。

我們要等待的人就是自己，自己就是我們在尋找的變化。

——巴拉克·歐巴馬

一年間看了五十本書

我一年至少會看五十本書。但其實不用特別執著於看了多少本書，只要是覺得符合目前現況，並能夠在情緒和知識層面給予指引，盡量多去閱讀就可以了。從我開始保持閱讀習慣到現在已經好一陣子了，短的話一週一本書，長則一個月一本書，當閱讀了約二十本的「好」書，我就能很直接地感受到生活裡發生了一些變化。每個人看書的目的不同，大家想從書中獲得的知識也有所不同，不過以我自己來說，說是整個人生因閱讀而發生了改變，也並不為過。

首先，如果堅持閱讀一些好書，就能接觸到本來完全沒有機會接觸到的主題。印象最深的是我最近讀的一本書 *The Angel and the Assassin*（Donna Jackson Nakazawa, 2020, Ballantine Books），是關於過去未曾被人們注意到的腦細胞「微膠細胞」（Microglia）。光看書名就讓人覺得一定很無聊，但是看完這本書讓我瞭解到為什麼睡眠很重要、吃進去的食物會給我們的大腦帶來什麼影響、為什麼冥想能提高生活的品質、運動和大腦的關係等等，這一本書帶來的知識和資訊，能讓我更有效地將過去所看過的十多本書，有系統地互相聯結，並且良好地幫我奠定關於日後醫學界的發展走向，和生病時需要接受的治療分類之基礎知識。像這樣大量閱讀好書，就能幫助我們對於世界有更深一層的瞭解。

持續閱讀好書，並好好地吸收書中內容，可以增加我們的無形資產。知識是最棒的資產，金錢如果與他人共享就會減半，但是知識與他人共享則會加倍，像現在這樣網路發達的時代，無形資產的力量變得更巨大了。我們會信任什麼樣的人呢？答案可能會隨著不同情況有所改變，不過一般來說，大部分都會選擇信任對於某個領域有很深的認知，並且願意與我們共享知識的人。如果能夠妥善運用書中所學的無形資產，甚至還能獲得「信任」這種更高次元的無形資產，反覆這個過程漸漸加以深化，就會形成一個牢固的網絡，也就是我們所謂的「人脈」。實際上我也曾將書中獲得的知識帶入經營中的事業，並得到不錯的成果，而見證到成果的人，也希望我能給他們一些建議。在這個過程中，我遇見了許多想一輩子與之共事的夥伴，直到現在，不論精神層面還是事業層面，我都與他們維持著良好的關係。

每個人對幸福的定義不同。對我而言，三餐溫飽、衣食無缺，想看書的時候隨時都能看，就足以稱為幸福的人生了。孟德斯鳩曾說：「我從不知道有什麼苦惱是不能被一小時的讀書所排遣的。」閱讀能帶來幸福，也能為我們整理思緒。有些老人家別說是閱讀的喜悅，更是常因為對文字的理解有所不足，所以白白浪費了很多時間，這真的讓我覺得非常可惜。假設我們老了以後，因為過去閱讀了很多書，並且能夠通過閱讀感受到知識帶來的喜悅，那麼閱讀就會成為人生最大的樂趣，人生中再也沒有什麼快樂能比得過閱讀所獲得的快樂，令人更加幸福。而我現在，就正期待著未來老年生活的幸福。

天下沒有白吃的午餐，仔細審視我們所做的選擇，你會發現那些有機會獲得暴利的選項，隨之而來的可能是非常巨大的危險，而那些只能帶來小利的選項，帶來的危險相對也比較小。人生中偶爾會出現比較不危險，又能夠能帶來較多獲利的選項，不過這種機會十分罕見，所以一旦出現就得當機立斷、把握時機，而最具代表性的例子就是閱讀，持續閱讀意味著持續製造和機會相遇的可能，「讀」藥苦口，多「讀」才能存活。

一個二十歲學生的疑問：夢想怎麼找？

有一位和我關係要好的理事長，是出社會後因為工作才認識，我們相處有如親人的叔姪般融洽。最近理事長的兒子剛成為大學生新鮮人，於是某天理事長委婉地問了我，願不願意陪他兒子聊一聊，指點迷津。我想世界上沒有什麼比家人更重要，所以就一口答應了。一般爸爸跟兒子提出建議，讓兒子去跟父執輩談人生，兒子都會十分反對，不過這個孩子卻很開心地接受了。

理事長的兒子來了之後，我們天南地北地聊著，突然間他問了我一個很好的問題：「博士，請問夢想要怎麼尋找？」因為他問了一個我自己在二十歲的時候，連想都沒想過的問題。我當下覺得這孩子真的很了不起，所以靜下心來，開始認真地回答這個問題。

首先，我跟他說，有夢想的人比想像中的還要少，所以光是想尋找夢想這件事，本身就已經是一個偉大的目標和祝福。很多人以為夢想原本就應該存在，他們深信尋找夢想就是找到那個如命運般適合自己的天選之夢，但是事實上並非如此。

我們得先知道一件最重要的事，那就是夢想和職業不一定一樣。夢想是做我喜歡做的事，但是它未必得是職業，職業很有可能只是一個為了實現夢想，經濟層面上所需要的助手而已。只要認清這一點，就不會在工作或是在職場生涯裡做出太脫軌的選擇。夢想也不一定只能有一個，我自己就甚至有五個以上的夢想，也就是說，擁有越多能力，就可以擁有越多夢想。

當能力提高，能夠實現夢想的機會也會變多，同時，能找到更多夢想的機率就增加了。舉例來說，我現在手上正經營著三間公司，這是五年前我連想都不敢想的事。隨著經濟狀況漸入佳境，我把錢省下來投資到公司裡，後來公司小有獲利，我漸漸開始看見更多不一樣的世界，結交的人脈、能掌握的資訊，都漸漸和過去不一樣。員工慢慢變多之後，就更能專心做我自己的事，於是能力又更上層樓，然後能做的事情又更多了，我就是這樣一步步實現我的夢想。

我再重複一次，光是能夠找到自己最真實的夢想，就完全足以被稱為是成功的人生。大多數人，其實連自己的夢想是什麼都不清楚，因為首先得要想著如何養活自己，並沒有太多閒功夫思考夢想之類的事。又或者是因為懂得太少。懂得越多，能看見的就越多，很多人因為懂得不多，就好像用一雙大近視眼看世界一樣，沒辦法看清楚。所以我告訴這個大學生，想要找到夢想，就得好好學習並努力實踐，雖然聽起來像課本裡的老生常談，但是這就是答案。成功的人，就是願意持之以恆地去實踐那些理所當然的事，這就是人生。

讓時間成為隊友的有錢人學習法

那些成為有錢人的故事，一定都有一個共同點，那就是不論投資、創業，從書上還是實際經驗，無論用什麼樣的方法，都一定經歷大量的學習。但是學習這個字聽起來簡單，真的要開始學習，還是會讓人覺得茫然。「要做什麼好呢？看 YouTube 的話要看哪個頻道呢？還是看看書？去上付費課程會變成有錢人嗎？聽說有錢人是邊跑邊思考，那我是不是該一邊學習一邊開始投資點什麼啊？」

都說洪水裡沒有能喝的飲用水，現在是資訊如洪水般暴漲的時代，每天成千上百的影片，以各種不同的經濟議題上傳到網路，數十本書印刷出版，想在這之中找到自己需要的內容並不是一件簡單的事。所以只要在不太清楚的時候，再向喜歡的頻道或是專家名人請教就好。比起具體的投資方法和技術，我想在這裡介紹一些對你們有所幫助的內容。

「如果我在 IMF 的時候買了某某電子股票的話……」

「如果我二〇一〇年買了某某幣的話……」

「如果當時買了某某公寓的話……」

不知道你有沒有聽過人家這樣說？當時某某資產被低估，如今卻比當年翻漲數倍，但是如果真的回到過去，就確定自己會毫不猶豫地買下它嗎？某個資產如果被低估，那就代表當時所有人都不看好它，那麼要買下這個資產就需要很大的勇氣和判斷力。大多數人都會想要在當時比較流行的資產裡，選一個比較不錯的購買，於是我們的自主判斷，不知不覺就變成是隨著大眾的觀點逐流了。

身為一個獲利資產數十億的上班族「投資家凱爾」強調，沒有一項資產是永遠上漲而不下跌的。就像自然界裡四季天氣的循環變化，資產市場也總在上升和下跌間反覆。然而以人類的情感來說，比起循環更喜歡慣性，上漲的時候覺得它會繼續暴漲的貪慾，和下跌的時候害怕它會繼續暴跌的恐懼，是人類內建的心理。所以如果你能在所有人都極度貪心的時候感到恐懼，所有人都感到恐懼的時候貪心，你就能靠投資賺錢。

對特定資產的興趣程度也是一樣，當所有人都專注於相同資產，就必須去觀察其他人是否還有機會出頭，所以對資產的瞭解越多，就越容易做到。經濟學家洪椿旭博士強調，年輕的時候不要抱有偏見，要去瞭解各式各樣的資產，得從框架中跳出：如覺得不動產是久積的弊病、股票是傾家蕩產的捷徑等。不要東挑西揀，要對所有的資產都有所理解，然後仔細觀察，尋找機會。

日常生活中很容易接觸到，卻有很多人不太懂的東西，就是利率。對多半的人來說，利率就是把錢放到銀行之後，未來可以得到的那筆塞牙縫般的小錢；不過對於正存錢準備買房子，或是經營事業的老闆們，可能就比較容易感受到利率的力量。因為隨著P值差異百分之〇・一的起伏變動，都有可能直接讓他們感受到刺骨之痛。但就算是這樣，利率也是個幾年才會稍有變動的東西，所以人們通常不太容易持續關注利率。

對沖基金經理人廉尚勳先生強調，不論用什麼方式投資，都必須要弄清楚投資項目的利率，因為就連股票這種最具代表性的投資方法，都深受利率的影響。假設股價一萬韓元的股票，每年的股息為百分之五，如果有一天銀行利率從百分之五降為百分之二的話，會發生什麼事呢？因為其他的地方都無法收到百分之五的利息，所以這支股票一定會上漲；相反地，當利率上升而其他條件都維持一樣的時候，股票就很有可能會下跌。

中央銀行是對物價十分敏感的機關，物價上漲的話，他們就要提高利率，防止景氣過熱的潛在危機。經濟景氣的時候就會出現物價上漲、商品價格調高，是因為人們願意支付更高的單價，像這樣因為經濟景氣而出現利率調升時，資產價格就會一起提高。不過廉尚勳先生也說，這個時期就必須更加謹慎投資，因為好景不常，距離結束已經不遠了。

以投資來說，什麼是失敗？並不是我買的資產價格下跌就是失敗，而是當我買的這個資產價格下跌時，無關我的想法和意願，必須將這筆資產轉賣於其他人的時候，這筆投資就算是失敗。價格下跌這件事，絕對不能被當作判斷失敗與否的證明。

很多人學經濟的時候會專注在分析資產的優劣，哪個資產現在的價格貴不貴等等，但其實有些部分卻很容易被輕忽。「富姐」劉秀珍就說，大部分人的個性都很愚昧無知——他們不太清楚自己在資產價格下跌時，能否當機立斷做出取捨。結果耽誤了自己經濟上重要的判斷。得要先學會認知自身的問題並瞭解壓力來源，等到能夠有效控制這些問題的時候，才是最適合理財的時候。

難以負荷的財務槓桿也是造成投資失敗收場的原因之一。「大額炒股者」金正煥說，就連身家百億韓元的資產家們，也無法倖免於新冠肺炎時期的危機。戶頭餘額會瞬間消失就是因為槓桿操作。心想著市場會持續上漲，於是就去貸款把更多錢投進去，想要以此獲利。問題是當這種無法預測的暴跌出現，為了要還貸款，就算要承受成倍的損失也得趕緊把手頭上的資產出脫。就算不會因此精神崩潰，這種情況就造成難以負荷的貸款金額了。

房地產也是一樣，「金師傅」金元哲說，借貸比重越高，越是容易變得連小小的波動都很敏感。就算是在符合銀行的條件下，借了最高貸款金額，如果有銀行借款、信用卡借款、親戚朋友的借款、以其他資產作抵押的借貸的話，會怎麼樣呢？要是房價跌了，就更難以支付相同金額的利息，一不小心房子就會被法拍，或是被低價售出，造成無法挽回的局面。所以不論是什麼樣的投資，過度貸款都很危險。

用辛苦賺來的血汗錢、好不容易存下一筆種子資金後，覺得手頭寬裕就開始不分青紅皂白的盲目亂投資，再也沒有比這個更危險的了。股票也好，房地產也罷，任何一種投資，在跳下去之前都得先做好萬全的準備。在存種子資金的時候，請參考上述的內容，並持之以恆地吸收學習需要的資訊，這樣至少可以避開一些危險的投資項目。

好前輩的特徵

「排上正確的隊，人生才會成功」這句話並不會難以理解，我們可以很輕易就知道，在這裡的「隊」跟權力有關，但是以現實面來說，也可以解釋為「得遇到好的前輩才能成功」。那麼好的前輩都擁有那些特徵呢？如果能好好思考一下這個問題，就可以有機會和好的前輩共事，自己成為別人的前輩時，也就可以好好提拔後輩了。

前輩就是直接和我相連的直屬上司，所以重點就是直接的溝通。一般的知識可以從書上或是職務報告中獲得，所以一個好的前輩就是要努力指導後輩們，不在一般知識內的「潛規則」，也就是不成文知識。由於潛規則除了通過直接的溝通以外，沒有其他方法可以獲得。為了避免後輩們因為沒能發現這些事而不小心犯錯，前輩需要提高自身的後設認知，才得以向後輩說明默認知識，比如細節，就是那種雖然微小，卻非常重要的部分，能夠冷靜地將需要注意的細節一一告訴後輩，就是一位好前輩。

一般來說，菜鳥的業務能力一定比老鳥還要弱，所以做不好或犯下失誤都是很正常的現象。

而前輩因為這些失誤感到生氣，也是人之常情，不過大部分前輩們都是看到狀況不對勁就立刻出現情緒化的反應，所以總是先發脾氣然後才告訴對方錯在哪裡。其中稍微人性化一點的，至少事後會再向後輩說明發脾氣的原因，並安慰對方，因為大家都是這樣走過來的，不過大多數的前輩都做不到。

反觀品德高尚的前輩就不會從發脾氣開始，反而會先從理解開始，告訴對方自己能夠體會對方的心情，也知道這些是情有可原，安撫之後，再指出對方的錯誤。雖然只是順序上的不同，不過最終將導致不一樣的結果。誰在聽了一頓嚴厲訓斥之後還能聽得進建言呢？反而是在心情平靜的狀態下，才更聽得進別人說的話。這道理誰都知道，但是現實中真的能做到的人卻少之又少。然而如果已經是用良善的方式向後輩指導錯誤，對方卻聽不進去，一再重複同樣的失誤，那就必須要嘗試一下更有衝擊性的方法了，當對方把善意錯當成是自己的權力時，只有當頭棒喝的作法才是上策。

我在三星工作的朋友，第九年的時候升上科長就離職了，問他為什麼，他說：「我不想活得像我們部長一樣」，同為曾經在職場裡打拼的人，我很能體會他的這番話，同時也覺得，這也許不失為一個計畫人生藍圖的好方法。能找到一個好榜樣是很幸運的一件事，不過如果找不到好榜樣，找一個「至少不要變成他那樣……」的人作為借鏡，也是不錯。

好的前輩得要給後輩看到成長和發展，這是讓他們能喘口氣、放下心，並相信未來的最好辦法，如此就不用時時強迫他們更加認真工作，前輩若能成為後輩的榜樣，後輩們便會自動自發地工作。所以才說「有能力的人就去做，沒有能力的人則去教」，希望你們能細細咀嚼蕭伯納的這句話，通過實踐，成為好的前輩。

習慣

勝利是習慣，不幸的是，敗北亦是如此。

——文斯・隆巴迪

沒有比習慣更強大的東西。

——奧維德

一再重複的行為，造成了你。所以卓越不是一種行為，而是一種習慣。

——亞里斯多德

如何變優秀？

「傑出」在字典裡的定義是比別人突出的意思。有時候看到某些人，會被對方的優秀所震懾，而感到敬畏不已、張大嘴巴說不出話來，就像很多職業運動，每天都彷彿在開傑出者的盛宴。是什麼讓他們這麼優秀呢？以下的四個品德就是能讓我們從普通變成優秀的關鍵。

一、特別的勤懇務實

在韓國，比起羅納度，梅西才是足球界的老大哥，而梅西又有一位大哥般的前輩——羅納迪諾。羅納迪諾曾在競爭最激烈的西班牙國家德比經典大戰（FC巴塞隆納vs皇家馬德里CF）上，在敵方陣營中擊潰對方，迎來觀眾席的如雷掌聲。這位選手的外號是外星人，你們可以上網路找找他全盛時期的影片，看過他驚人的實力，就知道為什麼他的外號叫做外星人了。

然而羅納迪諾的事業全盛期並不長久。雖然他很有天分，卻不愛惜羽毛，沒有做好自我管理。他在巴塞隆納足球俱樂部的最後一年，在球隊裡彷彿只是一位「過客」，不常出席球隊訓練。

結果球隊最終決定提拔另一名頂尖球員，也就是梅西，作為球隊新的主力戰將，並選擇與羅納迪諾分道揚鑣。從這裡我們可以學到一個教訓，勤懇務實的態度是開花的養分，即便沒有才能，靠著勤懇務實的態度，也可以結出才能的果實。

二、對自己嚴格

這個世界充滿了矛盾，其中最常見的就是，人們對自己總是無限的寬容，而對於別人卻非常嚴格。大家應該都有過這樣的經驗：比起其他人，會更加重視自己或與自己親近的人，我這裡說的不只是生命和財產，也包括精神層面。所以當自我受到威脅的時候，就會啟動防禦機制。有的時候明明是自己的錯，卻極力否認或是扭曲事實，還會把自己的負面情緒，投射到他人身上，於是漸漸地就出現這種「寬以律己，嚴以待人」的悖論。

能夠克服這種矛盾的人，看起來就會非常與眾不同，如果是一位領導者的話，當然要對他的追隨者們寬容，並嚴以律己了。然而現實中，我們卻更容易見到與之相反的情況。領導者嚴以律己的話，底下的人受到影響，當然也會跟著嚴以律己，上游的水源清澈，下游的水才會跟著清澈。組織裡的領導者如果能做出優秀的表率，他就會像具有自相似性質的幾何碎形一樣，帶動整個組織一起變得優秀。

三、不斷挑戰的精神

我們都會景仰什麼樣的人呢？是擁有很多的人嗎？或許一般人是如此吧。但是如果擁有很多的人，非但不倚仗自己手上的資源，甚至願意拋下這些資源，重新開始新的挑戰，你會對他有什麼樣的感覺呢？雖然不知道這個人是誰，但是不是已經開始覺得他很厲害了呢？

看到挑戰自己極限的人，我們的內心就會忍不住開始出現躁動。說不定是挑戰者的優秀和內心可能的潛在優秀出現共鳴呢？挑戰者是美麗的，而不斷挑戰的挑戰者則超越美麗，毫無異議地可以稱為卓越非凡。

優秀的領導者會不停地傳授祕訣或建議。真正優秀的領導者，會用行動讓你看見未來的藍圖，他會以身作則，不斷地挑戰極限。而見證這一切的下屬，心中自然會綻放希望的火花。

可是我們應該做些什麼呢？不需要一個聲勢多浩大的開始，即便是一個微小的起頭也沒關係，讓我們從現在就開始新的挑戰吧！當然這個挑戰沒有百分之百一定會成功，但是你們別忘了挑戰本身擁有的意義，再小的挑戰都是能成就「不凡」的種子。

四、無意識的努力

亞里斯多德曾說：「一再重複的行為，造成了你。所以卓越不是一種行為，而是一種習慣。」我們眼中看起來優秀的人，都非常專心且持之以恆地專注於自己的事，幾乎到了令人目瞪口呆、難以相信的境界。投入和堅持就是潛意識勤奮努力的狀態，亞里斯多德說卓越就是從潛意識的努力，也就是習慣而來。

我們的潛意識可以做到的事，比想像中還要多。就像我現在敲打著鍵盤寫文章，我也不是有意識地思考著每一個字的輸入法來打字，無論是誰，只要經過反覆練習，都可以這樣無意識地打字。如果想要像這樣進入到潛意識的領域，就得先通過有意識不斷地努力，將之變成習慣。培養一個習慣的過程，極其無趣而且孤單，但是一旦踏過臨界點，就會像亞里斯多德所說的那樣——一再重複、實踐的行為，在某瞬間就成為了自己。

人們最大的誤會之一，就是以為那些優秀的人，本來就不平凡。當然的確有人是與生俱來就有天賦，但是大部分優秀的人都是通過不斷地反覆、歷經風霜，最後迎來才能的綻放，結下卓越的果實。

我希望大家都能好好瞭解卓越的本質。如果有越來越多人在各自的領域做出優秀卓越的成果，不但本身能夠在自我實現和成就更上層樓，消費者或顧客也都能得到更好的服務和商品。

希望有更多的人，可以在看到他人身上特別出眾的「好」時，能用「優秀」予以讚賞，或是予以真實而具體的評價。其實名牌精品也是這樣，不只是單純的奢侈品，而是靠著比其他品牌更優秀，即便只多出一點點，也足以賦予它更高的價值了。

我想韓國現在已經可以算是渡過了只求溫飽、餬口度日的年代。未來，應該是一起邁向優秀的時代了吧！

不適感是變化的開始

所有人都很想做出改變，想朝著更好的方向成長、發展。但是實際上真的能夠做到積極求變的人卻是極少數，為什麼呢？原因很簡單，不是從一開始就做錯了，就是沒有足夠的動力突破停滯的狀態、開始採取行動。那麼如果想要好好地做出改變，要如何正確地開始，又需要多少動機呢？

重點是自己得要感覺到不適，如果真的感到不舒服的話，任誰都會做出改變。但大部分的不適感其實都還在能忍受的程度，所以比起求變的這個選項，大部分的人都會傾向於維持或是順應現況。舉例來說，大家都知道要保持身體健康就要吃對身體好的食物，這是常識。但是對身體好的食物多半不好吃。我們雖然都知道要吃健康的食物，但是在鹹滋滋、甜膩膩的食物所帶來的快感前，就是很容易失敗。接著我們做一個比較極端的假設，假設有一天在健康檢查的時候，被診斷出了癌症或是糖尿病，這樣再遇到鹹滋滋、甜膩膩的食物時，還會忍不住嗎？絕對不會。為了要快點康復，或是為了讓病情不再惡化，你馬上就會做出改變，因為不適感已經超越可以承受的臨界點了。

也就是說，在舒適的狀態裡，不會有需要改變的理由和動機。所以改革始於極限，有時間限制就可以提高集中力，這不只是我們親身能夠感受得到，很多社會實驗結果也顯示，在接近極限的狀態下會發揮出更超然的實力。不適感是變化的開始，比起等待遇到這種不適感，我們應該自動自發地主動去尋找它。

所以要多聽取他人的建議、廣泛閱讀。尤其是書，沒有比看書更快得知變化的方法了。一本好書，會告訴我們過去所不知道的事，有的是以科學證據為佐證的知識，有的則是別人生命中的軼事。通過這樣感受自身和現實的差距，我們就會找到改變的動力。再更進一步藉著從書中領悟到的新知識，為人生的定義帶來新的基準點，或是藉此找到值得學習的榜樣，那就再好不過了。如果後來發現無法負荷自己確立下的標準，那麼我們自然就會感到不適，這種以領悟作為根本的不適感，比其他任何情感擁有更大的力量，可以促使改變發生；反觀如果沒有設立任何基準點，就不會感受到不適而無法進步，結果就會造成很多遺憾，遇到狀況就無意識地順從、適應，卻不自知。

當然，安穩的狀態非常誘人，沒有一絲憂愁，彷彿飄在天空自由自在，光是想想就覺得心情變得晴朗，但是人生不可能時時處於這樣的狀態。即使除去外在的環境因素，人類本來就是適應能力很強的動物。這樣的日子久了，最終會感到單調無趣，而造成不滿足。不過就像前面說的，作為促使我們做出改變的動機，這種不滿足還遠遠不夠。想簡單地用一個詞為人生下定義絕非易事，這裡我想到了「節奏」一詞：我想人生就是透過不適而成長，成長之後盡可能休息，充足休息過後，為尋找不適感重新整頓再次出發，這樣一步一腳印「咚咚咚咚」的節奏吧！

老得自在的人擁有三個共通點

我們克服得了很多事，但是世界上也有很多克服不了的事，其中一項就是我們會隨著時間變老。悲傷的是，變老這件事情比起正向積極，更接近負面的感覺，為什麼會這樣呢？應該是因為很少看到自在變老的人吧？所以我想分享我遇過的幾位自在長輩們所擁有的三個共通點。

一、不把年紀當作階級

在輩分文化風行的韓國，非常多人錯把年紀當成權力。現實中只要無話可反駁了，就會立刻拋出一句「你這乳臭未乾的小崽子！」或是「你幾歲呀你？」反觀那些自在變老的長輩們卻是老得十分有韻味、充滿智慧。這種韻味和智慧來自耐性，如果說年輕的優點就像小鍋子一樣，擁有一點就能沸騰的熱忱；那麼暮年時的優點就像砂鍋，沸騰一次就能維持很久，火熄滅之後，暖暖的溫度還能長久維持。經歷過世間的風吹日曬、領悟了人生很多事情的身不由己，學會放慢步調回應這個世界的智慧和韻味，這不就是老得很自在嗎？

二、持續不斷學習

C．S．路易斯說過：「設立新的目標和追求夢想，任何時候都不嫌晚。」我這次就不講太遠，我想和大家分享一下我母親的故事。我的母親今年六十六歲，有兩個小孫女，是一位典型的奶奶。不過就算是這樣，她也堅持繼續學習，培養語文能力。去年她還上了自主學習的課程，雖然最後因為課堂的最後一週去旅行沒能出席，所以沒有拿到結業證書。但是在我眼裡，母親認真學習的樣子不只帥氣，更是令我尊敬。所以說，我們內心其實已將老化的概念，定義為不再繼續從事任何挑戰，而選擇順應周圍環境；相反地，如果能夠努力不懈、堅持不斷地學習，那才是真正年輕的心理，體現「年齡只是一個數字」。如此說來，很多人身體雖然年輕，卻不願意努力學習，真是令人遺憾。

三、成為某人的支柱

比起物理上的支柱，我們這裡所說的支柱是指精神層面、心理上的支柱。年紀大的長者很有可能比年輕人擁有更大量的經驗，這些豐富的經歷會讓長者擁有更多同理心。我們每一個人都各自承擔著自己的苦，所以總是想要向別人訴苦、發發牢騷。這種時候如果身邊有一位擁有相似經歷的長者，願意跟年輕人聊一聊，那該有多酷呀！尤其是當這位長輩能以同理心傾聽年輕人的煩惱，而不是指責哪裡做錯了、強迫對方得要照著自己的方式去做，這位長輩就會成為很多人心理的堅強支柱。

說到自在變老，我想起勞勃·狄尼洛主演的《高年級實習生》（*The Intern*）。在這部電影裡，安·海瑟威飾演一位三十多歲的年輕CEO，而勞勃·狄尼洛則飾演她的員工，一位七十歲的高齡實習生。剛開始的時候，實習生爺爺因為無法適應年輕公司的文化，而感到手忙腳亂，但是這並不影響他持續地學習。最終他成為了大家心理的支柱，也成為公司裡不可或缺的重要職員。不過即便如此，他也沒有因為自己年長就擺出架子，反而是選擇堅持自己實習生的本分。我想這個角色，應該是最接近我說的「自在變老」形象吧！

平均壽命增加而出生率卻不斷下降的韓國，將會比其他國家都更早面對高齡社會的到來。如果年紀漸長的人，都能兼備上述所說的三個素養，那麼對於高齡社會的到來，我們是不是就可以不那麼擔心了呢？所以首先得從自己做起。下定決心，要自在地變老。

用少少的努力成功的祕訣

我的工作量比一般人多很多，不過嚴格算起來也不盡如此。我一週工作八十個小時，算是一般人的兩倍。其中閱讀的時間就大約佔了二十到四十個鐘頭左右，但是我所說的閱讀並不是休閒娛樂，而是為了蒐集資訊所做的準備，所以會非常專心地閱讀，並且同時整理書中的重點內容。輸出的成果比輸入重要一百倍，所以文字也好、影片也好，我一定會整理出書中的要點，這樣一年下來至少也能好好讀完五十本左右的好書。

像這樣通過認真學習，超越臨界點，就可以進入從未體驗過的領域。首先是和別人對談的時候會輕鬆許多，因為我可以給他們一些有幫助的建議，而能幫助他人成長的這些建言，是不會被討厭的。而且因為見識寬廣了，就可以跟更多人交流，然後經由這些交談獲得信任，有助於減少人際關係上的精神消耗，這就是付出努力的多寡所帶來的差異。

我很信任大腦，如果不斷吸收大量的知識，這些知識就會在潛意識中產生自然的碰撞。偶爾那些曾經在書中讀過的內容，深刻烙印在腦海中，彷彿變成自己的想法，不假思索就能自然而然地侃侃而談。

各種知識相互碰撞產生而出的想法，看起來或許沒什麼大不了，卻可能充滿新意。大家都以為，如果要創造出一個新的想法，需要一百八十度轉換角度才可以做到，但其實不然。在一個既有的系統之中，即使只加入百分之一的改變，其餘百分之九十九都相同，也會創造出完全不一樣的成果。蘋果當時並不是第一個開發智慧型手機的公司，他們只是將當時已經存在的系統升級，然後與 iphone 這個產品互相結合而已，但現在蘋果已經成為世界上最頂尖的公司了。

所以最重要的是要謹記學到的知識。當知識經過不斷累積，突然之間，對比輸入時付出的努力，輸出的成果將會出現大幅的成長。其實這篇文章的標題是一個陷阱，標題上「少少的努力」不代表是真的付出很少的努力，真實的答案其實就隱藏在實力和努力之間的關係裡。相同的結果，外行新手做起來可能得花上一整天的時間，耗時又吃力，而高手卻可以輕輕鬆鬆，動兩下手指頭就搞定。也就是說，「努力」的品質和實力有關，少量的努力不一定就是小或不夠充分。

如果把這個概念延伸與金錢結合。同樣賺取一萬韓元，每個人需要花費的時間卻不同，有的人需要花一個小時；而我的話，以去年的稅前薪資計算，差不多只需要三分鐘。

所以如果一輩子都需要努力的話，最好是從開始的時候就好好下功夫。不過話雖如此，只要開始，任何時候都不遲。無論哪個領域，只要累積的努力超越臨界點，得到的回報就會以等比級數直線上升，收穫會超越付出努力的十倍甚至百倍。有人可能以為這是別人的傳奇故事，不會發生在自己身上，我以前也這樣認為，但是現在我知道並不是與自己無關。一次也好，請打開思想的警戒線，試著去超越自己的臨界點，你會在這個臨界點後方，看見另一片未知的世界，展開與現在全然不同的人生。祈願各位，勇往直前。

機會

悲觀的人在機會裡看到難關，樂觀的人在逆境裡看到機會。

——溫斯頓．邱吉爾

偉大的成就常常始於渺小的機會。

——狄摩西尼

機會偶爾會裝扮成不幸或一時的失敗，來到你身邊。

——拿破崙．希爾

工作能力強的人擁有的三個特質

禮節是人格散發的香氣

沒有損失的富人投資法

斬斷你的拖延病

語錄：成功

想輕鬆賺錢就要培養「好奇心」

歷經艱辛後所得到的啟發

內部歸因才是問題的解決之道

經營事業不虧損的三個方法

語錄：意志

工作能力強的人擁有的三個特質

世界並不公平，如果沒辦法接受這個道理，就會陷在困惑的痛苦中，找不到出口。尤其出社會之後，你會遇到一些人，一樣的事情人家就是能做到無可挑剔；明明學的時間比我短、開始的也比我晚，表現卻比我好上千百倍，真是令人難堪和羞愧得無地自容。我們要如何成為工作上優秀的「高手」呢？根據不同的情況，會做事的標準可能會有所不同，不過這裡就讓我們來看看最普遍的三個特質。

一、很會利用槓桿原理

簡單來說就是，當我得到一個報酬為一百萬韓元的工作時，我會用八十萬的價格把這個工作外包給其他人。如此一來，非但能賺到中間二十萬韓元的差額，還可以額外利用這段時間，擴展自己的附加價值。實際上一位在矽谷居家工作的上班族就是這樣，他將工作外包，賺取月薪和外包費用中間的差額，而他自己則利用這段時間去做其他事。如果這樣做沒有違反公司的規定，外包又能做出不錯的成果，即使這件事看上去有點違反常理，也完全不構成任何問題。

會做事的人很會利用槓桿原理，在掌握事情的來龍去脈之後，選擇站到附加價值最大的那一邊。最近增加了很多可以接觸到自由工作者的雇傭平台，因此我很建議各位上去找一找，將工作成功外包，積極活用槓桿原理。（不過實際上將工作外包的時候，很容易遇到溝通或是責任上的問題。所以請記得，外包工作可能比你想像中的更加困難。）

二、對失敗有完善的準備計畫

其實就算是很會做事的人，成果也不一定都很完美，那麼到底可以從哪裡看出來雙方能力確實有所差異呢？答案是：在最壞的情況下，可以一眼就看出能力的差異。雖然大家都會覺得「拜託，最糟的情況怎麼可能會發生？」不過有時候就是倒楣，就像免不了偶爾會踩到狗屎一樣，這時候就算沒有具體的備用計畫，只要有事先做好心理準備的人，看起來就是和完全沒做準備的人不一樣。

首先是至少不要自亂陣腳，盡快冷靜下來處理問題。如果在事前為了預防最壞的結果，已經先有備用計畫，那就可以說是勝券在握，完全不用擔心了。差異永遠都是出現在最惡劣的情況，如果能夠死死撐住不搞砸，那麼突飛式大躍進的機會就離你不遠了。

三、適當地反應問題

這看起來好像很簡單，其實非常重要。大部分的問題都是在發生之後才向上司報告，平常一聲不吭，一點消息都沒有，老闆突然間才看到出現問題，當然會火冒三丈。反觀會做事的人，平常就會不時地提問，遇到困難會向上級請教意見，所以當發生問題的時候，至少上級對於整體事件進行的狀況都已經大致瞭解，也能較快想出具體的對策方案，收拾殘局。

而且，多發問會比一個人思考更快找出答案。特別是像韓國這種認為閉上嘴巴、安安靜靜地埋頭苦幹才是工作美德的國家，更需要有人願意多提問。安靜做事就會是中規中矩的結局嗎？不見得，但是適度地提問一定能提高職場上生存的機率。以這個觀點來說，在上位者一定要記得，若堅持不讓人發問，就等於是扼殺了下屬可以做好工作的機會。

理性觀察周圍的人，其實工作做得好的人比想像中少，就算是韓國最大的企業也是一樣。跟你們說一個不是祕密的祕密，工作的時候只要機靈一點點，生活就會超乎預期的順遂。大部分人沒辦法做到的原因，不是連自己都搞不清楚是否做得好工作，就是不思考做事的方法，只顧著低頭猛做。

所以得先冷靜地分析自己的狀況。試著寫下列出自己優缺點的文章，然後看看周圍有沒有可以給予客觀評價的人，給你一些意見。藉由這樣的方式提高對自己的認識，就可以好好地思考如何提升工作效率，然後試著付諸行動。等到工作狀況漸入佳境，不但經濟方面會變得充裕，還會相對獲得人生中最大的優惠——時間的自由。人生只有一次，而且還很短暫，這麼看來，或許做好工作並不是一個選項，而人生裡一個必須的條件。

禮節是人格散發的香氣

雖然禮貌和生存並沒有直接的關係，但是解決了生存的問題之後，如果還想要擁有更高品質的生活，禮貌就是很重要的素質之一了。我們為什麼買名牌？雖然有人是因為喜歡商品本身，但是大部分的情況都是為了炫耀，買名牌包、名車，實際上都是為了吸引別人欣羨的目光。不過並不是有了這些名牌，人生就會變成名牌。

人們看著手拿名牌的人總是面無表情，但是如果看到有人讓位給需要的人，通常都會忍不住露出一抹微笑。禮節是人格散發的香氣，推開沉甸甸的大門，不忘為後面的人多撐一會兒；進電梯後，為搬重物的人按住電梯門，這些不起眼的舉手之勞，就會讓別人感受到不一樣的人品。

尤其在長期的人際關係上，禮貌就更重要了。禮貌是一種習慣，或許一次、兩次還能靠瞬間的反應刻意做出有禮貌的樣子，但是要做到下意識的禮貌，就不是件簡單的事了。但是在長期相處的關係裡，我們的動作大多屬於不假思索的下意識。所以這種時候，有禮貌的人就會更讓人覺得值得信賴，因為我們知道，即便是在看不見的地方，他也會隨時保持禮貌。

延續這個邏輯，我想特別強調一種禮貌，就是對待服務人員時的禮貌。如果你看到一個對服務生態度惡劣的人，你會怎麼想？假設那個服務生不只是一個擦肩而過的路人，而是工作上遇到的商業夥伴，或是你將到職的新公司直屬上司，你還會用這種態度對他嗎？我絕對不會跟對服務人員惡言相向的人共事。看一個人對待服務人員的態度，就可以知道他對待自己的下屬或是相對弱勢的人，會是什麼態度，然後進一步合理地懷疑，他日後也會用這種態度來對我。

雖然禮貌比什麼都重要，但是禮貌並非短期內就可以養成。想要成為有禮貌的人，就必須有意識地反覆練習，持之以恆保持禮貌的態度。不一樣的情況就需要不一樣的禮貌，所以我們還需要具備邏輯思考的能力，如果能將合時宜的禮節融入生活，就算說人生成功了一半也不為過。瞭解了禮貌的重要性之後，如果我們每一個人都能為此努力，試著變成有禮貌的人，社會整體的水準就會提高，而人與人之間的不愉快與摩擦也會減少。所以就讓我們一起成為有禮貌的人吧！禮貌造就人格，成就人生。

沒有損失的富人投資法

想靠生意賺錢有兩種方法，一種是自己創業，然後獲取客源；另一種是投資某種生意。兩者之間門檻比較低的是後者，股票、債券與房地產一般稱為三大投資資產。有人覺得債券很難，但是其實我們平常把錢放到銀行，然後領利息的這個動作，就跟債券的原理是一樣的，不過債券因為較穩定，利率就相對比較低，所以大家通常沒什麼興趣；而房地產則是有太多各式各樣的限制，價格又昂貴，不太容易購買。所以剛開始投資的時候，大家都傾向本金不需要太多、預期收益又很高的投資，這種門檻低的資產投資，就是股票。

新冠肺炎開始之後，全世界開始熱衷於股票。討論股市的 YouTube 頻道如雨後春筍般冒出來，數不清的高手們從各方登場，大受矚目成為焦點，投資人因為他們提供的各種有利「良機」和「榮景」資訊感到雀躍。然而並不是所有人都能靠投資賺到錢，那些在人們的喝采中受到矚目的焦點，永遠都只是少數；大多數的人則是必須面對預期之外的虧損。所以我利用這篇文章，和大家說明股票投資失敗的原因和失敗的解決之道。

今年邁入證券經紀人生涯第十二年的「錢哥」姜旼宇，當初就是因為只用三十萬韓元的資金，成功獲利數十億韓元的資產而出名，不過當初跟他一起下海投資的人，如今也只剩他一人而已。這個市場就是這麼兇險，想在這裡生存下去本身就不是一件容易的事。大家在股市景氣低的時候開始投資，然後獲利的話，就會誤以為是「我很有投資天賦」。但是千萬別忘了，這個市場千變萬化，任何時候都很有可能會降回冰點，感受到刺骨寒風。

如果不能先搞清楚自己的投資性格，投資十之八九會虧損。一般股票投資根據交易頻率分為三種類型：搶帽子交易（Scalping trade）、當沖交易（Day trading）與波段交易（Swing trading）。搶帽子交易指一支股票完成買賣的時間單位，是以幾秒、最長也不超過幾分鐘的超短線交易；當沖交易是指在一天之內，完成買入和賣出的短期交易；波段交易則是指最長可以擁有一週時間的買賣交易手法。普通上班族沒有時間隨時盯著股價波動，所以一般都會選擇從波段交易開始著手投資。然而問題是他們常常無法堅守自己的立場，當初看到某支股票處在低點，就想著趕快進場等它漲，偏偏股價持續下跌，賣不出去；這時候只好又改變自己的說詞「我看準了它的未來才下場投資」。

如果不想發生這種事，首先可以利用小額資金做練習，瞭解自己投資的性格傾向。錢哥建議，可以先以理想投資金額的十分之一練習，在一到兩年之內嘗試各種不同類型的投資，通過反覆試驗，找到適合的投資方式。你可能會心急地覺得，這一到兩年的時間會不會浪費了。其實不會，如果沒有這個嘗試的過程就直接進場，可能會造成更大的損失。從小額的投資開始取得成果之後，再試著一點一點放大金額，從結果上來說，會是更容易獲利的方法。

再者，要明確知道買賣這支股票的原因。有很多人單純是因為「這支股票最近很紅」，或是「某 YouTuber 介紹過這支股票」，就跟著買入或賣出。但是不要忘記，投資時丟下去的錢，都是自己消耗人生、辛苦得來的。投資這支股票的時候，得要有一個說服得了其他人的理由，這樣這支股票才可能會漲。所以是，我買入的理由得百分之百合情合理，股價才有上漲的可能。錢哥建議，至少得要學會看得懂證券公司釋出的企業財報，還能有為之提出建議的程度才可以。

The Public 投資諮詢公司董事金賢俊是 YouTube 上股票專家們公認「真正的」大師。他在一個節目裡，和高手中的高手們花了幾個小時，一起探討股票投資失敗的原因。

第一個失敗的原因是期待的收益過高。一個企業無論發生什麼變化，短則數月，長則數年，都需要時間。但是太多人都是抱著幾天到幾個月，就必須要一翻兩瞪眼、決定勝負。如果期待的收益很高，就不能把時間掐得太短。這就跟明天要考試了，雖然一個字都沒看，但是滿腦子只想著要考滿分的想法沒什麼不同。

第二個原因是只看答案和公式，卻忽略計算的過程。現在買什麼好？賣什麼好？這支股票能買嗎？這個價格要買還是賣？人們想要的是這些問題的答案，所以專家們很熱衷於分析各種股票的行情和項目。然而金賢俊董事認為，自己不親自研究出原理，反而去抄襲別人得出的答案，毫無意義。因為這樣就變成，自己的重大決定卻必須要依靠「別人的情報」的情況了。

大家都想要簡單快速的收穫。在 YouTube 上也是，大多都只看標題跟影片縮圖上顯示的問題，然後在下面留言區找到答案，看完就離開。然而金賢俊董事說，在投資領域裡，擁有好奇心、分析能力以及能夠頑強堅持自己判斷結果的韌勁，都是必備的素質。如果是投資客和交易員都同意的內容，那麼其中就一定有值得參考之處。

股票投資就是一個想辦法站得比其他人更前面的遊戲，越是靠著股票賺到大錢的人，越是遙遙領先世界。不過就是因為股票的這種特性，很難只用文字或談話就說得清楚。專業投資客「冷澈」朴宏日說過「沒辦法開股票的補習班」，因為不論是什麼樣的課程、什麼樣的教材，都沒辦法裝下這千變萬化的股票世界。

世界上有數不清的投資方法，也有無數的股票產品不斷出現。想在這之中找到適合自己的項目並不簡單，我們也沒辦法一一試驗每一種投資法。不過如果能避免跟其他人犯下同樣的失誤，就可以在這個範圍之間自由自在地投資，如此就比較不會發生虧損。

最偉大的投資家華倫·巴菲特只有兩個簡單的投資原則，嘗試過越多投資的人，應該會越加認同。但要遵守這兩個原則，真的非常難。

一、**永遠不要虧錢**（Never lose money）。

二、**永遠不要忘記第一條原則**（Never forget rule No.1）。

斬斷你的拖延病

四點五十五分的時候，很多人會想著從五點再開始好了，然後分心去做別的事情，但一不小心就拖過了五點；這時候想要等到準點才開始的決心就動搖了，於是又打算等到六點再開始，這種糟糕的情況比想像中還要常見。我們一生的時間如果總要用來拖延，那真的太不夠用了，省下拖延的時間，說不定都能充實地活兩次了。所以要怎麼做，才可以不拖延，盡快把手上的事情完成呢？

一、難度較低的作業和任務排前面

「開始是成功的一半」這句話不是胡說八道。在宏觀世界裡，因為慣性法則的作用，一旦開始運作，就會一直持續下去。所以只要能夠開始，就算不到一半，至少也能完成百分之十；然而如果開始就已經如登天一樣困難，任誰都不會想動手去做。所以不要隨便抓一個工作就開始，試著養成習慣，從可以簡單完成的工作著手，這樣就能有效地降低拖延的頻率了。

二、一起做

教育小孩的時候會經歷到幾件有趣的事情，比如說在家裡教某件事的時候，孩子完全不聽；但是到了幼兒園，當他看到其他小朋友都這樣做之後，就會很自然地跟著大家一起去做。不用強迫，只要同學都這麼做，孩子就會跟著做。

這裡要再一次提到前面說到的動力。跟別人一起的時候，就會形成一種強烈的氣氛，而這種氣氛本身就會成為動力，驅使我們完成任務。所以比起一個人在房間的小角落裡滾來滾去、靜不下心，忍不住東擦擦西掃掃；不如跟其他人一起去圖書館，就算是趴著睡覺也好，這樣跟著其他人一起念書，被別人用功努力的樣子所刺激，感覺相形見絀之後，就會忍不住把書翻開。所以透過這種間接的方式，試著與其他人一起做工作吧！

三、訂下具體的截止期限

人在即將到達極限的時候，會發揮出超人般的力量。運動比賽最後一局的時候，不是也常常看見選手們突然展現爆發力，加速衝刺的畫面嗎？事實上很多實驗都已證實，比起沒有具體的截止期限，在有具體截止期限的情況下，工作完成的比例會大幅增加。所以事實證明，截止期限比意志力更加強大。

這裡要注意的是，設定截止日期的時候不能太離譜，如果設定的時間太短，根本負荷不了、無法達成，結果可能不只是拖延，說不定會變成直接放棄。所以首先要先提升自己的後設認知，然後再嘗試給自己設定適當的截止期限。

溫斯頓·邱吉爾說過這麼一句名言：「態度是件小事，但是帶來的結果天差地別。」所以我們必須瞭解，改善拖延的態度，會為整個人生帶來完全不一樣的結果。現在如果你手上還有正在拖延的事，就請在闔上這本書後，立刻選一個最容易解決的部分著手吧！

成功

成功不是建立在成功之上，而是建立在失敗和絕望、偶爾在災難之上。

——薩默・雷石東

大聲宣告要成功的決心，就不會被失敗偷襲。

——奧格・曼狄諾

成功不是零失誤，而是不再重複相同的錯誤。

——蕭伯納

想輕鬆賺錢就要培養「好奇心」

錢的確不是人生的全部，但絕對佔了很大一部分。有錢的話就可以省下很多時間，所以選擇會變得更多，當然日子也會跟著變得比較舒服。如果連這麼基本的重點都搞不清楚，那麼就算擁有再多錢，也絕對不會幸福。

這麼說的話，要怎麼樣才能賺到很多錢呢？埋頭苦幹工作就夠了嗎？當然不是。必須得要抓住機會才行，即使付出的努力一樣，只要能將努力和機會結合，成果就會倍數增長。所以應該怎麼做才能抓住這珍貴的機會呢？

或許運氣很好的時候就能抓得住機會，但是運氣是沒辦法控制的，所以如果想要抓住機會，該怎麼做呢？答案就是，培養「好奇心」。好奇心是進入未知領域的鑰匙，如果說機會就藏在寶箱裡，那麼好奇心就是打開寶箱的那把鑰匙。因此擁有越多的好奇心就是手中握有越多的鑰匙。

現在大家都在討論，看起來很有潛力的領域，事實上大部分發展空間都已將近飽和了。那些領域裡激烈的競爭早已經開始，就算有機會也在瞬間就被搶光，好不容易到手的機會也很容易就被人搶走。所以好奇心很重要，透過好奇心，可以先進入那些還沒有被注意到的領域。而意外的是，這個時期並不是很需要實力與知識，唯一需要的是「咦？這個看起來很奇怪耶！」這種程度的好奇心。這樣聽上去好像沒什麼了不起，但是實際上會產生這種好奇心的人卻非常少。

YouTube 平台剛開始的時候，有多少人關注、多少人上傳影片呢？發展到現在，YouTube 的競爭越來越激烈：各電視台利用自己龐大的資源經營頻道，一般 YouTuber 們也都在盡力上傳高品質影片以吸引觀眾。如果從 YouTube 成立初期就開始上傳影片，會比現在更容易在平台上佔有一席之地。就連 Facebook 也是如此，五年前在 Facebook 上甚至只打一句名言，都能有幾千個讚；現在訂閱者雖然變多了，但是互動卻連過去的十分之一都不到。所以好奇心很重要，必須藉由好奇心去發現新的領域，然後盡早開始嘗試。

我們經過長時間的教育，訓練了一身拚死尋找正確答案的技能。在這個過程中，習慣了過濾掉不是答案的選項，也就是將那些看起來有點奇怪的東西先行排除。然而正因為我們學到的是「除了正確答案以外，其他全部都是錯誤」，所以很多人的好奇心早就胎死腹中，連種子都已經枯死了。

如果無法注意到新鮮的事物，就會下意識忽略那些微小或是看起來不起眼的東西。我必須強

歷經艱辛後所得到的啟發

每個人的一生都會遇到大大小小的難關，偶爾還會出現讓我們束手無策的情況，倒楣的時候甚至可能出意外、被信任的朋友背叛。如果可以，當然能不要遇到這種糟糕的情況最好，不過機率上來說，每個人都有機會遭遇這些風波。這種時候我們就需要一些尼采的帥氣，他說：「那些殺不死我的，必然使我更強大。」所以，艱辛的經驗會為我們的人生帶來怎麼樣的影響呢？

一、培養超出常人的強大內心

一般故事中說到掉進了谷底，通常後面都會接著出現逆境中奮發、扭轉情勢這種正面的劇情。不過首先，我得先說一個非常殘忍的事實，就是人生谷底的位置，可能比你以為的還要更低、更深。常常當你以為「還能有什麼情況比現在更糟？」的時候，緊接而來的就是發現地板下面還有地下室。正因為現實的谷底比想像中的更深，掉下深淵的過程，是沒有盡頭的痛苦。

若經歷過最艱難的痛苦、墜落在人生最底層的低谷，至少可以確定不會再有下墜的空間了，體驗過死亡般的痛苦後，世上任何情況都會相對看起來輕鬆很多。所以真正到過人生谷底的人，都會擁有超出常人的內心。

二、變化的可能性

人基本上不會改變，真的永遠都變不了的就只有人類，所以才會有人說「除非重新投胎，不然改不了」。人要做出改變，就是得需要這麼強烈的衝擊，而這也就是最惡劣的情況能帶來的正面影響。我們其實比想像中要有韌性，絕不會輕易放棄，更不會被輕易打倒。如果遭逢最惡劣的極端劇變時，還能咬緊牙關撐下去，那麼接下來機會必然會出現。而且若真是遭遇如此惡劣的衝擊，即便沒有他人的提醒，自己也會發現問題、心領神會，在內心由衷地做出改變。

三、對不確定的狀況先行防備

這可能會是個有點難懂的概念，不過在這裡我不得不說到「反脆弱」（Antifragile）一詞。反脆弱最初是納西姆．尼可拉斯．塔雷伯（Nassim Nicholas Taleb）教授自創的詞彙，是與「脆弱」（Fragile，無法承受撞擊）相反的概念，但是也並不同於「強壯」或是「堅固」的概念。真正和「脆弱」相反的概念，是受到衝擊之後反而變得更加強大。好比蠟燭在風中熄滅，而篝火反而在風中炙熱旺盛，就算是遇見相同的困境，結果也全然不同。所以當人生颳起大風的時候，我們得先決定，自己的人生是蠟燭還是篝火。

在反脆弱的概念裡，「相對」很重要。比如搭車的時候不繫安全帶，就是一種脆弱的行為，你很有可能會在事故中喪命。雖然繫上安全帶，也不會讓你遇到撞擊的時候變得耐撞，但是在衝擊（交通事故）中相比沒有繫安全帶的人，能夠得到的相對好處，可以說是無限大。也就是說在撞擊中受到傷害之後，就會更認真思考人生中的各種不確定性。因為也許我們無法避免意外的發生，但是只要能夠好好建立起系統，說不定能夠在衝擊之中，將危機化為轉機；如果那些無法將我擊倒的撞擊，反而幫助我變得更加強大，就實現了反脆弱的人生了。

只要是人，任誰都想遠離痛苦。也許很多痛苦的確能夠靠意志躲開，但是在複雜的自然界中，依然存在著無法預期也無法躲避的痛苦。然而就如同前述所說，這些痛苦除了會留下傷痕，同時存在積極的那一面，會為我們帶來正面的影響。就像是颱風，帶來破壞的同時也洗淨了走過的區域。

內部歸因才是問題的解決之道

人生有時會被各種折磨壓得喘不過氣，這種時候真的很想拋下一切躲藏起來。或許躲得了一時，但是我們都很清楚，逃避永遠不是解決的辦法。韓國有那麼一句話「世界上最愁的愁，就是我的憂愁。」如果可以的話，人生當然最好能夠只有幸福，沒有煩憂，然而這是不可能的。某方面來說，這些煩憂可能正是幸福的影子也不一定。

雖然沒有辦法完全將人生中痛苦的部分屏除，但是可以將之大幅減少，就是把造成折磨痛苦的原因轉換成可以控制的成分。如果說痛苦的原因能被換成可控的成分，我們就可以避開痛苦的時機，或者是減少痛苦的總量。那麼應該要怎麼做才行呢？

答案就是把所有折磨煩心的原因歸根於自己。剛開始可能會覺得這怎麼可能，簡直太痛苦了！有時候某些情況，問題根本不是出在自己身上，但依然需要訓練從自身內部尋找原因。因為只要問題出在自己身上，它就可以被掌控；而若是不在自己身上，則需要等待別人去解決。如果能夠解決問題的人一直不出現，那麼這個問題就永遠都會存在。

《最好的自己》（*Best self*）一書的作者邁克・拜爾（Mike Bayer）曾說：「若要我在近代文化氾濫的觀念之中，選一個最危險的，那一定非『被害妄想』莫屬。因為扮演被害者的角色，就是把自己人生出錯的責任，轉嫁到他人身上。」他接著說：「擁有內在自我控制力的人，認為自己就會影響事件及其結果；而擁有外在控制力的人，則認為錯誤來自於自己以外的地方。」內部的自我控制力和從自己身上尋找痛苦的根源是一樣的道理。為了過上最好的人生和減少人生的痛苦，這可以說是必須擁有的態度。

目前為止說到的都是態度的問題，現象的本質還沒有任何改變。不過只要將問題歸根於自己，責任感自然就會增加，如此承擔著煩憂的重量，就可以好好鍛練精神意志。

別人會怎麼看待擁有這種態度的人呢？大家會覺得你比其他人更值得信任。信任就是人際關係中最重要的連結，只要擁有信任，即使是做一樣的事情，也比較不會發生摩擦，這麼一來就可以有效減少壓力產生。反正是躲不開的煩惱，試著把它消化成自己的問題，還能額外收穫到這麼多好處。

人生想要獲得成功就得肩負起更多的責任，平時有意識地主導問題就是一種訓練領導風範的方法。領導能力很難靠學習獲得，所以領導者非常少。如果能將問題的原因由外部抽回，歸因於內部，那麼就可以連這麼難以獲得的領導風範一起訓練起來。

光是看完這篇文章是不是就已經感覺少了一公斤的煩憂了呢？改變一下看待事情的角度，很多問題就能迎刃而解。來，現在深呼吸三遍，然後將人生中的苦惱煩憂都拉向自己的心中吧！如果每一個人都可以把自己的煩憂放到心中，這個世界是不是就不會有這麼多飄渺不定的痛苦了呢？希望讀到這篇文章，能為各位短而辛苦的人生減輕一些痛苦、生活中多一點幸福。

經營事業不虧損的三個方法

我從幼稚園到研究所博士班，經歷過的所有求學過程，以及後來在大企業裡工作，在外國一個小規模研究所待過一小段時間，然後現在正經營著自己的事業。這所有經驗中最累的就是自己經營公司。要想的事情很多，預測不了的變數也非常多。

根據統計，像是自營商這種最小規模的營業單位，十年之內就有百分之八十的公司會倒閉，經營事業就是這麼困難。不過到目前為止，我的公司仍然屹立不搖，我應該是做得不錯吧！所以創業後要怎麼營運才可以財源滾滾，而不面臨事業倒閉的危機呢？或許每個人的觀點和狀況都不同，但是希望各位一定要好好思考我接下來說的這三件事。

一、將個人的專長化為收益

經營企業有可能會失敗，但是就連失敗也必須要失敗得好才行。因為就算經營失敗，也不一定代表賺不了錢。若能夠將失敗當作墊腳石，好好重新開始挑戰，也有可能賺到財富。所以最重要的是——就算事業失敗，也得要做好結束工作。

如果本身是在完全零財產的條件下貸款創業，然後失敗了，那就真的很難起死回生，至少在韓國是如此。所以首先一定要從小資本開始做起，尤其是能夠以自己個人專長為收益的生意型態最好，因為這樣就算是失敗了，大部分的損失也就只是自己的時間和努力而已。最近隨著社群網路的發達，將個人專長收益化的方式也變多了，如果可以將個人的努力完全轉換為收益，就可以正式開始擴展事業的版圖。用這樣的方式創業，就算是經營失敗，也可能不會負債。正因如此，失敗之後還能找回初心，再一次回到從個人專業為單位的起跑點，整裝再出發。當我們再一次進行挑戰，擴展事業的版圖，若能推演並謹記上一次失敗的教訓，再次失敗的機率當然就會大幅減少。實際上生活中也的確有很多公司，都是經歷了類似的過程，最後成功將公司發展為大規模的企業。

二、分配股份

說到創業，大部分的人都以為得從一開始就充分做好全面性的準備，不過這是個錯覺，完全不需要從一開始就這樣。假如你本身的能力就很出眾，資金後盾又非常堅實，那麼你當然可以承擔得了所有的風險。但是大部分的人，都不具備這樣的條件。這時候，擁有能力的人，就得用自己的能力吸引有資金後盾的人，一起成為共同創業者，一起分配股份。如此一來就可以減少風險，並將收益最大化。

此時比能力更重要的則是信任，共同創業的合夥人既是戰友也是家人，所以一定要讓對方看見你的能力並信任。實際上我們公司的三位理事長就是在公司完全沒有資金的情況下，純粹信任我的能力才讓我分到股份，現在我的薪資也比之前的公司多。

三、銷售創意想法

這不是件簡單的事，但不失為一種斜槓的事業，讓上班族除了平常工作之外，還能一邊試著開始出售創意的小本生意。這邊說的創意可以從很多不同角度解讀，其中難度最高的就是申請專利許可。申請專利的確不容易，但是最困難的反倒是申請的專利項目越多，每年為了保持這些項目，就得花費越高的費用。即便如此，若是能夠申請到相關的許可，就等於是開了一間個人工作室，接著便可以試著以顧問諮詢的模式，銷售各種創意。

另一種型態是銷售「故事」。這幾年來出現販售各種不同故事的形態，可以在 YouTube 上播放，也可以出版個人書籍。你也可以成為將各種點子劇本化之後銷售的個人企業家。

這類銷售想法和點子的工作方式，虧損比想像中還要更少；運氣好的話，說不定還能從中獲取巨大的利益，雖然機會不是很大。不過可以說是少數幾個現實之中，能夠實現低風險高收益的戰略了。

以「怪」聞名的怪人CEO理查．布蘭森，曾和大家分享一則自己的觀察：「事業的機會就像搭巴士，下一個機會隨時都會出現。」所以說，我們創業的時候要將不搞砸作為第一守則。世界很大、機會很多，方法各不相同，不要毫無想法，盲目地投入事業，先思考如何將風險降到最低，避開那些不需要承擔的問題。既然要做，希望你們創業時除了實現自我，每一天都能開心經營，真心祈願各位，奮發向上。

意志

二十歲受意志力支配，三十歲被才華支配，而四十歲則受判斷能力支配。

——班傑明・富蘭克林

力量不是來自於肉身的領域，而是來自於不屈不撓的意志。

——聖雄甘地

勝利不代表全部，但是想要戰勝的意志是全部。

——文斯・隆巴迪

不懂錢的屬性人生會完蛋
後天型天才的特徵
資本主義大富翁的生存攻略
三種蠢問題
語錄：愛
破壞人際關係的最糟習慣
虛擲人生的五種人
給自信心掉到地上的你
領導者所需的四個品德
語錄：練習

不懂錢的屬性人生會完蛋

大部分人都不清楚錢有兩種屬性，一種是「支付」（Paying），另一種是「賭博」（Betting），瞭解兩者的差異非常重要。明明消費的金額一樣，但結果的保障可能不一樣。這裡說的「賭博」可能因為博弈的關係，給人的觀感不佳，不過在此並不是指博弈上的賭博。一般支出的所有金額，都包含支付和賭博兩個屬性的混合，所以不能用二方法看待，得像光譜一樣，用範圍的概念理解說明，比如百分之八十的支付和百分之二十的賭博。

首先「支付」是指當付出金錢後，可以立刻獲得預期的東西。用購買蘋果來打比方，付出五千韓元後，得到三顆蘋果。在吃到蘋果的瞬間，就得到預期中的價值。既美味又可以果腹，支付是可預測並且擁有部分確定性。

但是買蘋果其實也並非是百分之百的「支付」，因為蘋果好吃與否，不能完全透過外觀確定。預期要買好吃的蘋果，但也可能買到不好吃的。以這層意義來說，就可以把買蘋果的消費，看作是百分之九十的支付和百分之十的賭博。

那廣告呢？打廣告也要花錢，雖然每次狀況可能不同，不過風險高的時候，可以看作是百分之十的支付加上百分之九十的賭博。假設現在需要將商品的廣告託播到某處，花錢的屬性就跟前述買蘋果完全不同，是一筆結果毫無保障的消費。如果廣告成功，收益可以增加十倍甚至百倍，但是大部分的廣告，很可能最終都是一場空。

在什麼地方打廣告，賭博的成分也會有所變動。舉例來說，一則廣告預算同樣是一百萬韓元，放在擁有十萬訂閱數的 YouTube 頻道，和在擁有十萬會員的論壇發布公告，就是性質不同的廣告方式。不過相較於網路論壇，YouTube 的開放性更高、不確定性也更多，所以消費中賭博所佔的成分更大。

支付的結果可預測、可確定；相反地賭博則是不可預測且具開放性——如果不能理解兩者的屬性，很容易陷入不幸的人生。「教育」就是最好的例子。大家會認為教育是支付還是賭博呢？當孩子還小的時候，教育比較接近支付。若是將學童時期的教育目的涵蓋「孩子被保護在安全的地方，而且在某段時間有人幫忙看顧」，那麼將會獲得預期中的價值。

但是隨著教育標準和教學內容難度漸增，教育的消費屬性就逐漸接近賭博了。即使為了得到更高品質的教育而付出昂貴學費，還是無法預測結果。孩子的未來並不會因為受到的教育，而有固定的保障。總結來說，一個人全面性的教育過程，其實比較接近賭博。

讓人會變得不幸的重點在此，誤以為教育不是賭博而是支付。換個說法可能會簡單一點：付出高額學費就一定會有好成績嗎？絕對不是。假設有人運氣很好，靠著好成績進入頂尖大學。但是，進入好大學就能解決收入問題了嗎？當然機率可能會提高，但保障也不是百分之百。由於這兩個階段中間存在著風險，所以整體來說教育的不確定性非常高。然而很多父母就是無法理解這點，卻還是投入巨額金錢在補習班這類的課外費用。

再次提醒，賭博的屬性並不壞，只是和支付的本質相異而已。因為教育是賭博，所以就完全不用投資了嗎？當然不是。如果在這場賭博中獲勝，將獲得巨大的回饋，重點應該放在是否能負擔失敗時的損失金額。在可以負擔的範圍內，將金錢投資在孩子的教育上不會有任何問題，事實上這可能是最有價值的投資。不過要是經濟不允許，卻還強撐著付出昂貴的教育費，當最後結果不如人意時，就會造成很大的傷害。

在此再強調一點，有一種最好的教育同時具有支付和賭博的混合屬性，那就是閱讀。嚴格分析買書時付出的書籍價格：書本用紙的價格、書籍製作費用以及運送物流過程的部分是支付，而書的內容則是賭博。不過要是因為一本書的內容讓自己有所改變，那麼就是用很少的費用得到十倍甚至百倍的預期價值。沒有什麼教育比閱讀擁有更高的ＣＰ值了，用少少的消費就能得到無限可能。

就算是付出一樣金額的錢，如果搞不清楚支付和賭博的屬性，人生就可能會完蛋，特別是經商、做生意的商人，一定要將此銘記於心。並不是花多少錢就能得到多少回饋，要是消費屬性是賭博，卻深信自己是在支付，那麼隨時都很有可能會出問題。如果搞不清楚賭博和支付的屬性，請千萬不要經商。

賭博的第一原則就是「能否承擔失敗的費用」。支付和賭博的屬性是很困難的概念，但是一旦理解，就能避免走上花錢還得受罪的冤枉路。這兩個屬性會隨著情況不同有所改變，所以不要用二分法去理解，要用光譜範圍的概念去思考。希望各位讀者們能夠從根本上理解，才能活得智慧、賢明，一生幸福。

後天型天才的特徵

我不否認有人天生就擁有與眾不同的能力或是天賦。看到那些天生就很優秀的人的確會感到很羨慕，不過有一群人除了讓人羨慕之外，還令人十分敬佩，那就是靠後天努力成為天才的人。這些人難道有什麼祕訣，明明沒有天生的資質，卻依然能夠成為天才呢？

我在研究所、大企業和各個職業領域中，實際認識很多表現優異的人。其中幾位是本來就很喜歡相關領域，並且從一開始就很優秀的典型天才人物，但是也有幾位是與他們相反的後天型天才人物。確定他們是後天型天才的依據，是因為他們在自己的專業領域裡，並沒有從一開始就嶄露頭角；甚至有一些人一開始並不喜歡這個領域，只是為了生活而工作，結果最後卻成為領域中最出眾的佼佼者。是什麼讓他們成為業界的達人呢？

這些人成為業界中佼佼者的背景其實很複雜，所以應該有很大一部分是我不明白的，不過透過仔細觀察和對話，發現他們都擁有異於常人的專注力。這邊我想更具體說明一下專注力，這些後天型天才的專注力並不只是專心在某一件事，而是有讓自己在專注時與外界完全隔絕的能力，這才是重點。

研究所的時候，我有個朋友的研究越做越好，到後來能力甚至飆升到瘋狂的程度。他在看研究論文或是整理、分析資料的時候，會把手機關機，然後等事情都結束了才開機。他一旦坐到書桌前，除非把任務做完，否則絕對不會離開。我還記得他第一次接觸一個新的領域，坐在電腦前看著維基百科、完全門外漢的外行模樣；後來他一個人轉向去做了模擬程序的領域，最後在該領域發表排行世界第一的學術論文。

還有更特別的例子，我認識一位企業家，走到哪都戴著耳機。於是某天我問他：「你每天都在聽什麼呀？」他的回答令我印象深刻：「什麼都沒聽。」如果一直聽到各式各樣的聲音會很難專心，所以他就把耳機當作耳塞使用了。這樣還有一個功能是，戴著耳機的時候其他人就不太會來打擾。

這些後天型天才就是這樣切斷外界的噪音，明明大家擁有的時間都一樣，他們則會更有效率的運用。其實我也差不多，我的ＩＱ並不高，理解速度也很慢，完全和天才沾不上邊。但是我就算是爬，也會隨時都爬出平均以上的成績，如果要做出一番成果，就絕不會盲目地埋頭苦幹。首先會非常認真思考如何空出屬於自己的時間，然後著手開始工作。即使現在也是，全家都已經睡著了，在這三個小時內我可以完全不受打擾，專心於工作。所以，沒有天生的資質卻能夠拚博出優秀成績的人，都是從創造環境開始做起。

別忘了，我們非常容易受到環境的影響，比意志力更強大的就是創造環境。如果能夠創造適當的環境，各位也都能創下優異的成績。需要專心念書或是有重要的工作時，就把手機關了吧！因為那就是成為天才的第一步。

資本主義大富翁的生存攻略

或許有人一輩子都沒有做過股票交易，但是幾乎沒有人一輩子沒做過房產交易，然而卻有不少人覺得房產是「壞事」。房價一天天瘋狂成長，於是韓國就出現了「閃電乞丐」（相當於中文「暴發戶」）的說法，我能理解這種心情。不過就像一般遊戲有指南或攻略一樣，如果在名為「資本主義」遊戲裡也有指南或攻略，會是如何呢？

「劉備」金洙泳說，只要我們在資本主義的系統裡，就必須要瞭解「大富翁」這個遊戲。在大富翁裡賺錢的方法有：一、繞世界一周得到薪水，二、透過買賣不動產獲得收益。在大富翁遊戲裡，獲勝方法只有獲得屬於自己的土地，在土地上蓋建築物，然後向其他參加者收取經過建築物的稅金獲勝。而不動產在大富翁裡，就是能夠獲勝的武器，也是防止自己敗給其他人的盾牌。

誰都想獲得經濟自由，但是能在工作或是僱用合約期滿後，手上備好充分現金流的人卻不多。如果現金流能以不動產成為基礎，無論做什麼事都能沒有後顧之憂，擁有更開闊的視野，促進工作效率。多瞭解不動產，不是為了要誇下海口成為富豪，而是為了讓人生少一點不安。首先你得要擁有一間屬於自己的房子。

當然這不是一件容易決定的事。現在全韓國的房價史無前例的高，又無法預測國內外的經濟狀況，所以很多人對於未來房價漲還是跌、現在該不該下手買房都很疑惑。於是投資家「北極星主」吳恩錫給了他們一個明確的答案。

「如果是用來自己住的話，現在趕緊買。」

這也是最近無數專家們都同意的立場。「現在趕緊買」這句話，絕對不是指現在最便宜的意思，不過即便如此，你也必須要有一間屬於自己的房子。由於房價本來就很貴，很多人會覺得比起扛銀行高額的貸款，不如租房子比較划算。韓國流傳的那句「家是住的，不是買的」也是在為這個想法背書；然而就算是這樣，你還是得好好思考關於「家」的必要性。

如果選擇租屋的居住方式，你的人生就已經被決定了。如果不努力工作繳房租，那沒現金就玩完了。但是如果跟銀行貸款買房子，就會出現一個變數，如果是需要三十年償還的貸款，就算房價下跌也只需持續支付利息和房貸就可以了，幾乎就和繳交租金差不多；不過如果房價上漲，整個人生就不同了。像那些聽到的故事，因房價突然暴漲，一夕間賺了不知道多少億韓元一樣。

有些人會問，聽說再過幾年房價就會向下調整，等到那時後再出手不是更明智嗎？關於這個問題，以「有點瞭解不動產的前輩」受到廣大觀眾喜愛的投資者「為你我」給出了慎重而堅決的態度。雖然有聽說房價會開始下跌，卻沒有一定會下跌的保證。如果因為聽信這種可能性而盲目等待，就是將自己毫無防備地暴露在房價不斷上漲的危險之中。房價何時會跌，就連熟練於「行銷時機點」的專家都很難準確預測。

投資家「富龍」申賢江甚至強調，就算買在漲幅的頂點也有沒關係，因為日後下跌的幅度一定不會比上漲的幅度大。在二〇〇八年金融危機前，二〇〇七年底隨著房價漲勢買房子的人，肯定有嚐過房價下跌的滋味，但是下跌的幅度遠比上漲的幅度還要小。而由於房價下跌，大家不敢進場買房，租房子的需求量就增加，結果就是租金上漲。

富龍強調，就算房價眼看就要下跌或是正在下跌，實際用戶首先也需要一些購買房屋的經驗，而體會房價下跌的經驗就是能讓人得到很多領悟的機會。不過因為未來將會有升息等其他變數出現，所以貸款的時候要選擇能力所及的金額，千萬不要過於勉強。而若是在漲幅後段才入場，就得要考慮到不久之後將出現的下跌。

也有一些人雖然下定決心要買房，但卻沒有足夠的資本下手。這些人現在應該要拚了命的激發生命潛力，竭盡所能地能省則省、一毛不拔，然後隨便找個房子買嗎？投資家「展翅」朴誠惠為這些人提出了一個突破性的建議：花個一千萬韓元去學習房地產。這程度的金額足以學會所有跟房地產有關的領域，特別是在研究房地產的時候，必須要大量閱讀，而這筆金額也完全足夠買齊與房地產相關的書籍。因為在研究房地產這件事情上，透過投資金錢和時間去提升眼力非常重要，等充分研究好房地產之後再著手買房也不遲。

在房地產這個領域裡，最危險的反而就是那些有錢又急躁的人。房仲們在客人走進辦公室的瞬間，就已經把握了他們的性格取向，為了抓住客戶，房仲會使出早就準備好的十八般武藝。經過房仲們簡單的介紹，毛毛躁躁的客戶很容易會得出「啊！這個社區的是全大韓民國最適合我居住的區域了呀！」這樣的結論。正因為如此，有錢又急躁的人接觸房地產的時候最好是不要帶現金、信用卡，或是任何能夠結帳的方式。必須親自多跑幾趟，身體手腳多受些勞苦之災，情報資訊才會漸漸變得更加全面。

世界總是一副好像現在不趕緊買房就完蛋了的樣子，然後把我們都搞得很焦躁。但是買房子的重點並不是要買到便宜的房子，而是要買到好的房子，所謂好的房子就是指價值會隨著時間漸漸增加的房子。常有人說不要買新建的房子，原因就在這裡，因為新建的房子看起來光鮮亮麗，但是價值卻很容易隨著時間遞減，而且新房越多的區域，距離再開發就越是遙遠；相反地，看上去有些老舊的房子就算過了很久，價值也不會有太大的改變，比起在重劃區一直住到遷居的人，在老舊公寓住到重建的人更多。單從這個客觀事實來看，就可以知道實際使用的話到底是哪一邊的價值比較高了。

「每一個人都擁有自己的家。」

這是房地產的老闆們很常說的話，一開始我完全無法同意，韓國房子那麼多，不也是沒有我能住的房子嗎！即便如此，只要堅持不放棄，總會有路能走下去。房地產和股票不一樣，房地產有利於那些有毅力堅持下去的人，因為只要一面學習、一面存錢，總會等到機會來臨的時刻。比起其他時候，現在的情況的確是最不容易買房的時候，但也不要輕易放棄，否則太可惜了。因為房子不只是單純住的地方，更是能夠守護我們的最堅實財產。

擁有一間自己的房子之後，遊戲才是真的開始。最壞的情況就只是房價下跌，但大不了拿來自己住就好了；而若是房價漲了，則可以搬到比現在更好的區域或是升級坪數，也可以透過法拍屋獲得比當下價格更便宜的房子，或是拿來投資任何其他的項目都好。最關鍵的是，可以不用因為市場的變化而焦躁不安。擁有一間屬於自己的房產不但是守護自己和家人的最佳防護，在必需的時刻還能自由轉變為最佳的攻擊武器。

三種蠢問題

問題只要問得好，幾乎等於得到一半的正確解答。然而在韓國，提問這件事已經幾乎像是瀕臨絕種的危機，不論在教室還是在會議室，都沒有人要發問。由於韓國的文化不太能夠自由發問，就算開放問答，大多數人突然間也想不出什麼好問題來。不過就算問不出什麼好的問題，至少要能避開提出很糟糕的問題。可以自我審視看看，有沒有問出跟以下相似的問題，浪費雙方的時間。

一、不知道要問什麼就開口

我經由各種不同的工作經驗，接觸到各式各樣的人，聽他們問出各種五花八門的問題。研究所的時候當助教，聽學生問問題；當作家之後聽讀者們問問題；後來開了公司，又聽客戶和員工們問問題。

在這個過程中領悟到的事實是，大部分的人都不知道自己沒搞清楚的是什麼，這就是後設認知過低的經典範例。在向他人詢問之前，請先向自己提問，如果沒辦法清楚地提出問題，就代表還不知道自己沒弄懂的是什麼。

這個情況最好的解決方法就是拿一張紙，先在紙上把覺得自己沒搞清楚的是什麼寫下來。如此一來，等於擁有了先向自己發問的習慣，有一天就能夠領悟這個道理，人生的內力就是這樣一點點累積而來。

二、懶得找答案而發問

最近就算只在網路上隨便查一查，幾乎可以找到大部分的資訊，如果還能看得懂英文，能獲得的資訊量更是以等比級數增加。不過就算是自己就能搜尋到的資訊，有些人還是非得向別人發問不可。比起上一個搞不清楚自己要問什麼就開口的人，這種自己找得到還要問別人的人，比較屬於態度的問題。

比如說，現在要找路的話，比起問路人怎麼走，直接打開地圖軟體搜索路線，反而更快且更準確。如果明明自己就找得到還非得要問別人，只代表他就是懶得自己找而已。請記住，如果不斷提出這類型的問題，不只是會對周圍的人造成困擾，還會被刻上一種「很被動」的印象。

三、預設答案才提問

最糟的是已經想好了答案之後才發問。比起發問這背後的原因是，要得到確定的答案或是對方的同意而已。很多人都說，韓國的辯論節目比喜劇還要有趣，原因就在這裡。辯論的重點應該是雙方通過相互提問，試著瞭解彼此的立場，然後一起尋找問題更好的答案或是方向。不過參與辯論節目的人，總是先想好答案才發問，所以只要對方回答出不是自己想聽到的答案，就完全不聽、甚至還會發怒。如此就完全喪失了提問的意義，一個問句的最後，應該是問號而不是句號。

前面說到的三點是最普遍的三大蠢問題類型，不過本質上來說還有一個更重要的事實，就是得要不停地提出疑問。個人認為即使是聽起來很蠢的問題，也比什麼都不問要好多了。

愛因斯坦曾說過：「從現在開始學，忠於今日，就會為明日帶來希望。最重要的就是要不停地提問。」問題就是人生的種子和開始，所以得不斷地向世界和自己提問。如果在這個過程中，能刻意努力去提高問題的質跟量，那麼無論是提出問題的人，或是回答問題的人，都是再好不過的結果。優質的問題，能為所有的人帶來收穫。

愛

沒有愛的人生，就像一棵沒有花和葉的樹。

——紀伯倫·哈利勒·紀伯倫

愛是我們與生俱來的，而恐懼是我們來到這裡後學會的。

——瑪麗安娜·威廉森

愛一個人，就是把他當作自己看待。

——亞里斯多德

破壞人際關係的最糟習慣

世界存在很多物理上比人類強大的動物，不過即便如此，地球上最有影響力的強者卻是人類。之所以能在地球上蓬勃發展，就是因為人類是以「關係」為中心的社會性動物。對人類這個種族來說，「關係」很重要。一段堅韌的關係充滿可能性且富有力量，而關係的核心是什麼？是信任。

我們會信任什麼樣的人呢？或許每個人都不太一樣，不過以人類的本能來說，會選擇信任那些可預測的人，也就是始終如一的人。人類的腦結構就是這樣，為了盡量減少能量的耗損，大腦會尋找一貫的運作模式。所以會很難信任那些打斷一貫的運作、行為模式總是出乎意料的人，這類難以預測的人，最終會很難與其他人形成堅固的網絡關係。

順著這個邏輯，能夠最快地將信任關係摔得支離破碎的方法，就是說謊。謊言很輕易的就可以打破「約定」，當對方看見言行不一致之處，那麼彼此之間的信任就會被完全連根拔起。很大的謊言有超級巨大的負能量，一次就能夠將所有的關係燃燒殆盡；而小的謊言，則是會一點一滴吞噬關係的基礎，最終傷害累積在某個意想不到的瞬間，一個小小的錯誤將成為爆點，所有關係還是會毀於一旦。

現在想像看看，假設有一個在晚上六點的約會，到了六點準時出現的人會有幾個呢？只要有正當理由，晚個五分鐘、十分鐘也無所謂嗎？因為大部分的人都這樣，我們也要理解對方，然後就算了嗎？並不是。明明約好了卻沒能遵守，這就是說謊。如果這種細小的謊言漸漸擴散，整個社會就會變成低信賴的社會，而因為這種風俗習慣，所要付出的社會成本也比想像中的高。謊言這種東西往小的說是破壞個人的人際關係，往大的說則是破壞整個共同體。

相反地，好好遵守約定除了能帶來信任，更是一種體貼。比如在約定好的時間準時出現，就是尊重對方時間的意思。時間是比金錢更珍貴的資源，能夠守護對方的時間是多麼值得感謝的事呀！如果小的謊言會吞噬關係的基礎，那麼遵守小約定就是能一點點累積信任基礎了。違背的話損失慘重，而遵守的話則滿載而歸。所以為什麼要遵守約定、為什麼不能說謊，這不是很清楚了嗎？

人類是通過合作與競爭這類複雜的關係，才得以興盛壯大，信任是連接關係的橋梁，而謊言則是破壞它的災難。所以雖然看起來沒什麼，但是不說謊真的很重要。反過來說，就算是很微小的約定，保持遵守的習慣也非常重要。努力認真做事的習慣很重要，而選擇不去做壞事的習慣也一樣重要。破裂的信任非常不容易恢復，就算恢復了傷痕也依然存在，再怎麼厲害的黏著劑，也無法將曾經碎裂過的位置，不著痕跡地恢復如初。所以一定要記住，謊言多麼輕易就能將信任粉碎，而粉碎後的信任又是多麼難以修補。

虛擲人生的五種人

人生是有限的，絕對不是無窮無盡，但是大部分的人卻忘記這個重要的事實，虛度每一天。遺憾、痛苦、折磨、後悔……這些詞彙的根本，都是因為在人生有限的大前提之下。人生就算每一天都過得充實忙碌還嫌不夠，卻有很多人像傻子一樣白白地浪費，他們是什麼樣的人呢？

一、關注他人人生的人

因為人類是社會性動物，雖然可能有些程度上的差異，但是一定要跟其他人一起生活，於是就造成了許多後遺症。其中一項就是不把注意力放在自己的人生上，反而過於關注其他人的人生。如果能夠從他人人生學到些什麼，也能算是學習，並不是件壞事。不過仔細觀察身邊的人，他們不會回頭看看自己，反倒成天顧著指責、誹謗別人的缺點和錯誤，要是能把這種精力用在自我反省，一定能大幅地提升自我。把有限的時間和精力消耗在無意義之處的人，真的是太多了。

二、執著於過去的人

絲毫不後悔的人生存在嗎？後悔是一種因為無法永生而出現的情感，然而就算是執著於過去，也無法改變任何事情；而且如果不專注於現在，現在的不良發展就會像巨額欠債一樣，不斷累積成過去。專注於現在，迎接未來吧！那麼過去就會如相簿裡的回憶一角。

三、總在責怪世界的人

世界上究竟有多少事情能隨心所欲呢？更何況許多時候就連自己的身體，都不一定能聽自己使喚，更不要說在世界與無數人合作競爭求生存，這當然不容易。要是討厭寺廟可以離和尚遠一點，但是討厭世界就得離開地球。這是無可改變的，所以就把注意力集中在正向的那一面吧！仔細找找，其實還是有不少事情是能夠隨心所欲的。擺脫一定要揮出全壘打的幻想，鼓勵自己就算只有〇・二五的打擊率也算是很厲害了。

四、欺騙自己的人

生活中常會說各種謊言，運氣好的話可能順利騙過所有人，但是有一個絕對騙不了的人，就是自己。欺騙自己這件事，意味著在迴避著什麼、不去相信的意思，於是就會與現實出現距離，擺脫不了的折磨則開始在心中發芽。正直是最棒的品德，但絕對無法輕易獲得，所以首先學會在自己的面前正直、坦蕩，那麼就能愉快地立身處世一些。

五、不去愛人的人

這裡說的愛，不侷限於男女之情。人類行為中最好的就是愛了。愛所做的事、愛身邊的人、愛能夠出生成長迎向各種挑戰，光是如此去愛，人生也會很充實。愛吧，激烈的愛吧！

「我本來就是該生病的命、我本來就是條該死去的命。那些對我來說很珍貴的人，和我愛的人，所有人都會改變，這就是我的命。世界上沒有任何一種方法能讓我擺脫這種厄運。」

這是《在人生的最後一瞬間》這本書中出現的一個段落，聽說是記載在古佛教冥想法裡的一段話。人生如果想要活得更豐富，就一定要記住、回想並反覆思索死亡，如果擔心現在做的事情是不是很愚蠢，那就想一想死亡：「如果死之前沒做這件事，會不會後悔？」如果完全不會請立刻停下來，不做也無所謂。記住，人生拿來做這種事情，真的太浪費了。

給自信心掉到地上的你

很多朋友都抱怨自己沒有自信，我就會回問他們為什麼沒自信？問了各式各樣的人，而他們的回答都差不多，就是嘗試做過各種事情，但是都做不好。因為考試得不到好分數、沒辦法在理想中的職場工作，這些事實折磨著他們導致失去自信心。

我又問了：「你不是為了夢想而挑戰嗎？」如果真正認真地挑戰過，失敗就不會只是結束。因為會深入思考失敗的原因、從中學習，如果能夠重新再挑戰，失敗就會變成經驗。

如果幻想著僅用一次的嘗試或是些微的努力就能夠成功，那麼比起挑戰，它說不定更接近賭博。若過去嘗試的是賭博，那麼當然過去之後還是什麼都不會留下，只會漸漸將精神層面消耗殆盡而已，然後最後可能少得連尊重自己的力氣都沒有了。

我承認競爭會越來越激烈，大家都在共同承擔著這個辛苦的狀況。就算對著世界辯解或是抱怨，也沒有人會指責些什麼，因為現代確實是這樣。即便如此，還是深深吸口氣，做一次深呼吸，冷靜下來思考：「到底做的是一個挑戰呢？還是賭博呢？」答案只有自己知道。

即使沒能成功，只要有一點點的成長，所做的就一定是挑戰。這個小小的成長可能別人看不見，甚至可能連自己都沒發現也不一定。所以失敗後不應該只是茫然地用精神勝利武裝自己，而是必需冷靜下來研究。研究的意思是，去瞭解未知事件的過程。

失去的自信心並不是只要下定決心就能找回來，最重要的是就算只有小小的成長，也得靠自己領悟「啊！這次也是有所成長了啊！」即便是很些微的成長，只要自己主動去發現並承認它，就算結果是失敗的，自信心也會一點一點增加。保持正向的堅持並繼續挑戰，就能擁有自信心，無論什麼樣的難題都能破解，這才是人生的正軌。

領導者所需的四個品德

能做好事情的領導者比想像中還要少，而再進一階要找到一位受人敬重的領導者，在現實中更不是一件容易的事。領導是某個群體的最終負責人，在這個位置就不能只是工作做得好而已，要符合詞彙的意義，超越過去單純的第一線範疇、扮演領導組織的角色。

很困難的原因是，想要接受到完整的領袖訓練，實際上是一件不可能的事。即使學過理論，只要組織成員的特性或是工作的邏輯發生一點點改變，過去學到的內容瞬間就變成了無用之物。所以我認為領導被部下嫌棄是很自然的事。

像情況如此複雜的時候，核心哲學就比理論更重要。想要成為一個不被嫌棄的領導者，應該要擁有什麼道德涵養呢？

一、始終如一

領導者不是做實際業務的人，而是指點方向並對最終結果負責的人。所以最能讓領導者發揮核心能力之處只有在工作的開始和結尾。起了個頭之後，就要始終如一地執行計畫，如此才能為組織的成員們減輕壓力。明明前面說要這樣，結果實際成果出來以後不滿意，又突然將自己說過的話改弦易轍，把責任轉嫁到部屬身上，這種領導者可以說是最差勁的。

二、掌握情勢

情況隨時都在改變，所以策略時時刻刻都得隨著狀況修正。而這時如果固執地以堅持始終如一的名目，不隨情勢變化做出相應的策略修改，就是典型的無能領導者了。然而前一點說過始終如一很重要，所以要改變計畫中較重要的項目時，不要用命令的方式，而是要多加解釋和說明。所有的工作者對於突然變更的新任務，難免覺得反感，因此領導者對於改變的事實，需要有比之前更加詳盡的說明，盡可能地說服部屬後，快速修整策略計畫，這才是優秀的領導者。領導者如果搞不清楚整體工作的邏輯，就如同沒有羅盤的船長航行於汪洋，將帶領整個團隊迷航。

三、學習能力

約翰．甘迺迪曾說：「領袖風範和學習，彼此缺一不可。」無法持續學習的領導者，必定逃不了被汰換的下場。在當一般工作者的時候，只要做好份內的工作就夠了；而領導者則需要發掘新產品，未來遇見問題時才能夠迅速提出解決對策。所以學習能力對於領導者而言是核心條件。如果沒有學習能力，即便掌握了整體情勢，也很難想出適當的對應方案。

讓部屬看著自己勉力學習的樣子，還能獲得一個額外的好處，那就是部屬的信任。有誰會討厭一個持續成長、為了適應變化而努力學習的領導者呢？其實如果能夠以身作則，為自己和整體組織的發展努力學習，對部屬而言再也沒有比這個更實際的壓力了。而在這種情況還能夠主動加入學習的部屬，則會是下一屆領導的候補人選。

四、溝通能力

領導的核心角色就是協調，而什麼時候會用到這個詞彙呢？幫樂器調音時，將音準對上標準音就會稱之為協調。要想準確調音，在操作的時候就得一邊調音一邊確定音準，完全不聽音準是不可能調好的。處理業務也一樣，所以領導者面對組員時，要先傾聽才能發揮領袖風範。

可悲的是，韓國盛行的是完全零溝通「讓你走就得走」這種「專政獨裁」（divtatorship）的扭曲領導風氣。身為一個帶領組織的領導者，在喊出「跟我走！」這句話之前，要是能先說明為什麼要跟隨並和部屬溝通，將會有更多人積極主動地跟上來。

事實上就算只有溝通這一點做得好，就不太會被部屬嫌棄。在這邊苦口婆心地提醒一句，拜託不要仗著溝通的名義，喝得爛醉硬要跟人家說話，合理適當的溝通當然得在清醒時才能夠達成。在酒桌上喝得酩酊大醉、發洩情緒完全不是溝通，這樣的行為其實跟拷問沒什麼兩樣。

就如前面說的一樣，要找到值得尊敬的領導者並不容易。但是不能只停在這個令人惋惜的狀況，得要能夠反向提出疑問，「當自己坐上領導者的位置時，是否能夠成為受人尊敬的領導者呢？」這不是一個容易回答的問題。

領導者並不是從天上「咚」一聲掉下來的，而是我們之中的某一位變成的，所以很難找到好的領導者，也就是現在的社會文化以及結構依然不夠成熟的意思。不要等到檢討的聲浪滾到腳邊時，才來思考領導者的領袖風範。各位別忘了，我們每一個人都是潛在的領導者候補人選，如果都能對此有所認知，不僅能解決領導者不足的問題，以宏觀的角度來看，甚至還能提升國家的整體競爭力。

練習

練習一萬種踢腿的人並不可怕，可怕的是一種踢腿練習了一萬次的人。

——李小龍

練習不會造就完美，只有完美的練習能成就完美。

——文森．隆巴迪

我討厭練習時間裡的每分每秒，但是我不斷對著自己說：「不要放棄，這一瞬間的痛苦換來的人生，能以冠軍活下去。」

——穆罕默德．阿里

我們從什麼時候開始變老？

誰都沒有辦法阻止生物性的老化，這是個悲哀的現實，不過還有比這更悲慘的事，就是心理上的老化。有的人身體二十歲，精神層面卻是個老人，也有的是八十歲的身體，卻擁有年輕人的心理。那麼我們的心理是從何時開始變老的呢？

每個人小時候都有很多夢想，沒有任何界線、盡可能開放所有的可能性。隨著時間流逝，對自己有更多的瞭解後，夢想就逼近現實了，而夢想的選擇範圍，也從無限種的可能，縮小到看起來比較有可能的那幾個。年紀再大一點的時候有些夢想會在現實中受挫；而另一些夢想則太過遙遠、不切實際，於是對於未來的期待也開始慢慢枯萎，這時就開始變老了。

有一句名言是這樣的：「有夢想的人不會變老。」雖然我不記得這是誰說的，這句話的意思是，夢想不需要很偉大，只要能萌生對未來的期待，再純樸渺小的夢想也都是好的夢想。真正有夢想的人，在朝著夢想努力前進的過程中也會感到快樂，而這個過程就是人生。所以不論現實多麼沉重、多麼令人疲憊，絕對不能失去的東西就是夢想。

人們都很討厭倚老賣老的人，然而對於這種人，我卻不自覺地產生一股惻隱之心。這些人因為人生沒有夢想，也就沒有人生的目標，所以插手干涉別人的人生變成唯一的樂趣。與此同時，他們最常掛在嘴邊的話就是「話說我年輕的時候呀……」。有夢想的人對於未來的自己更有身分上的認同，所以比起過去更常說到未來；相對地，沒有了夢想的人，比起未來更常提起過去，於是變成倚老賣老的人。

現在活到了半百，心理層面反而好像比二十歲的自己還要年輕。以前不太常說到關於夢想的話題，但是現在會好奇以後將出現什麼樣的未來，甚至有時候會期待到晚上都睡不著覺。尤其最近我的夢想規模擴大了，現在不只是一個人的夢想而是整體的目標，期待能與我所屬的共同體一起成長，因此期待也變大了。我完全沒有心思放在現在的年紀或是過去，每天都把百分之百的精力集中在思考夢想該如何實現。周邊的人開始問起「你這麼多的精力都是哪裡來的？」這是二十歲的我都沒能聽過的話，過了二十年後的現在竟然聽到了。再說一次，有夢想的人不會變老。

人生中第一次覺得自己老了，是成為父親的瞬間。三十多歲雖然還是很年輕的年紀，卻因為要開始背起為他人負責任的擔子，精神上就變得更成熟一些。我絕對無法放棄家人，並且認為有責任在各個層面守護他們。「執著」是帶有貶義的詞彙，不過我的執著卻是一種生物性的連接、與愛結合的正向執著。可能正因為如此，人們才常說「成為父母就變成大人了」。

我們會如此執著於某些事情，然後慢慢變老，這種比起精神層面或是心理上的老化，更貼近於社會化的成熟過程。而心理上真正的老化現象，應該屬於執著於自己過去「經驗」的人，因為意味著未來將難以重現過去的輝煌。世界不斷往前進，如果自己有物理或心理屬性停滯，就是相對地變老、變落伍，等待著被淘汰的命運。每個人的人生都很珍貴，然而若將精神放在不重要的事情上，因此被綁住了手腳而無法向前，我們就會開始變老了。

高品格的三種說話術

功能同樣的包包或車子，只要是名牌，價格就直線往上。那人生呢？同一個舉動、同一句話，有些人說起來就是顯得特別有品味，他們的人生就是名牌。這些人有什麼跟別人不一樣的地方，才讓他們看起來高人一等呢？造就名牌的重點在於細節，說話的語氣也是一樣。雖然不是什麼大事，但是在此要跟大家聊聊，能夠讓說話語氣倍感高級的三個細節。

一、千萬不要急躁

想像一下麻雀和老鷹展翅飛翔的樣子，誰看起來比較高級？當然是老鷹。老鷹飛行的時候，拍翅的頻率遠不如麻雀多，只要一次振翅就可以在天空自由翱翔。說話也是如此，千萬不能急躁，話說得好的人認為說話時的呼吸比技巧更重要，藉著控制呼吸的長短頻率，創造出緊張和從容的感覺。

說話不急躁和單純說得慢不一樣。舉例來說，需要表現出衝擊力和震撼效果時，就必須維持稍快的說話節奏，在說話之前需要長一點的呼吸，中間則需要有較小的呼吸當休息間隔。只要能像這樣調整好說話時的呼吸，就會聽起來很有品格。

額外補充一點，適當的肢體語言有助於表達。尤其韓國人在說話時常常面無表情，也不會搭配任何肢體語言，建議偶爾可以看著鏡子練習說話，怎樣的表情和手勢能更有效地將訊息傳達給對方。

二、用親切的疑問句代替命令句

和藹的態度是高級的源頭。與價格成正比，越是價格高昂的服務，職員的態度越是和藹親切，世界上每一個地方都一樣。那麼怎樣能讓我們看起來更親切呢？戴爾・卡內基《如何贏取友誼與影響他人》裡的必殺技中，其中一項就是將命令句換為疑問句。「去開窗」和「能不能幫我開個窗」這兩句話要求的是同樣的事情，但是給人的感覺卻完全不同。前者是命令，而後者則是請託。不必多說應該也知道哪個更為親切吧。如果再加上一句「不好意思，能不能麻煩你幫我開個窗？」就近乎完美了。話說我太太就是疑問句的達人，她絕對不會用命令句對我說話，而是會用一種「極度」親切的語氣拜託我做家事，所以我都特別賣力去做……。

三、敘述具體

話說得有品格的人都有一個共同點，就是在描述或敘述時非常具體，特別是在讚美的時候表達能力會非常優秀。比如說同事換了新髮型，一般人要不是什麼都不說，就是即使說了也只會有「某某小姐（先生），剪頭髮了呀！」的程度而已；但同樣是稱讚，會說話的人就會說得很具體：「某某小姐（先生），新髮型很好看、很適合你，你看起來更亮眼了。」這種具體的稱讚方式，會讓對方心情更加愉悅。

想要具體描述出來，就得知道更多的遣詞用句。平日多看好的文章、詩集，並且把觸動人心的句子記起來，在日常生活中多加善用，就會發現其實有品格的表達方式沒有想像中困難。

在韓國說話最有品格的人是誰呢？其中一位應該非劉在錫先生莫屬了，從事說話的行業，數十年來受到男女老少廣大的喜愛。而這樣的他說過一句話：

「少說多聽，聽得越多，自己人就越多。」

所有的溝通都是如此，在高品格的語氣之前，得從傾聽開始。為了更親切、更具體的談話，不要急，先聽。光是做到傾聽，就已經達到高品格的一半了。

月收入達到一千萬韓元的方法

職場如果都有好相處的同事、充足的薪水、能累積有益的經驗值，就不會有人想要離職了。然而現實中的職場有很多不足，所以在工作時會感到遺憾或可惜。既然都已經感到心氣不順暢，不妨就開始經營副業賺取和現在薪水一樣的利潤如何呢？在副業收入與公司收入相等的瞬間，代表正式得到離職的選擇權了。

有很多的副業，就算手上只有一百萬韓元（約兩萬多台幣）也可以立刻開始。如果擁有特別的知識或是才能，就販賣它吧！如果本身沒什麼才能，那就賣有才能的人所創造出的成果。可以賣錢的話，請嘗試個五次看看。首先來聊一聊，即使沒有特別的才能，誰都能做到的「商品販賣」吧！

我的國中同學「創業電子雞」金正煥原本在一間公司當遊戲設計師，後來因為對公司的職場生涯感到疑惑而離職。我曾以這個朋友為原型，拍攝了 YouTube 影片，記錄從零開始到每月收入一千萬韓元（約二十三萬台幣）以上的成功過程。遊戲只要有攻略，誰都能輕鬆闖關，而創業也有攻略。想讓你們看看光是照著攻略就能賺到錢、想跟大家分享之前夾在職場生涯和事業間的鬱悶的心、也想融化你們那顆等待被幫助的心。

做生意就類似非洲大草原上的食物鏈，生產廠商（獅子）→批發商（鬣狗）→零售者（羚羊）→消費者（草），大部分的人都是食物鏈的最底層——消費者，也就是和「草」一樣的存在。但在自然界裡，一旦生為草就只能是草。不過慶幸的是做生意並非如此，可以像寶可夢般進化，獅子會擔心鬣狗隨時進化為新的獅子，鬣狗會擔心羚羊進化為鬣狗，而羚羊則擔心又有其他新的羚羊出現。

所以他們在面對草的時候，彷彿是在服侍國王一樣，結果草就真的以為自己是強者。有趣的是，如果你從錢的流動方向來看，故事就完全不一樣：金錢從草流向獅子。只要小草願意，能夠隨時向羚羊、鬣狗和獅子挑戰，但是他們大部分都不會這麼做。小草只會在花錢的同時思考，要如何賺到更多的錢，不過在某天如果偶然間進化了，他們就很難再回去當草了。

我是這麼開始的，我朋友也是這麼變化過來的，光是進化為羚羊就可以賺到比上班族月薪更高的收入。從第一筆訂單進來之後，我的朋友就有了羚羊的樣子。現在他幫助超過十六萬的訂閱者，甚至擴展到了「亞馬遜電子機」、「自營公司電子機」等等連我都沒有接觸過的領域。

最重要的就是自己想做的事。比起因為想做而去做每件事，大部分的人都是因為競爭被逼到絕地才被迫求變：無可奈何必須節省、為了賺錢得想辦法。由於金錢本身是最終目的，開始進化時會讓人手足無措，因為大家都尚未具備賺錢的三大要素。

有些人會主動發展自己的事業，並不是被逼到窮途末路才開始。這種自發性創業大約有三種模式：突然想製作某種不錯的商品、周邊，同時有生產商和批發商，以及手上有很多潛在客源。因為做生意的本質就是「好的商品用好的價格賣給很多的人」。

只要擁有其中的一項有些人就會想開始創業，不過可惜的就是他們會誤以為，那一、兩項就是做生意的全部。製作商品的人認為好的商品就是全部；得到好價錢的人認為較低廉的販售價格就是全部；而擁有很多客源的人認為好的來客量就是全部。但是其實只要這三者的其中一項沒了，生意就無法維持。剛創業時很難同時擁有全部三個，那早期最該要有的是什麼呢？我認為「好的來客量」這項最重要，因為沒了小草，羚羊也無法在沙漠生存。

誰都能賣商品，這是比想像中簡單的事，我從小就幸運地知道這個事實，但很多人卻以為自己沒辦法成為販賣者。我的外婆會摘芝麻葉和山茼蒿去市場裡賣，只要一在市場裡的角落坐下就開始有生意上門，真的很神奇。有的時候完全賣不出去，有的時候卻賣得很好，因為市場裡的人非常多。

如果我要在市場裡賣東西，會尋找同租金的前提下，人潮較多的位置。實際上在市場或地攤做生意的人，真的會因為位置吵架，大家都會本能地感受到潛在顧客的重要性。

要是提出客人最重要，就會有人拿著極端商品的例子提出反論，主張強力商品也能夠開創客源。也有很多人舉賈伯斯為例，還會說出賈伯斯的名言「在給客戶看到他們想看到的商品之前，他們並不知道自己想要什麼。」但是他們忽略了一個事實，就是賈伯斯也曾經歷過失敗。雖然大家最終知道了好商品，但誰都不知道「最終」何時會出現。

我建議先製造客源，如果做不到，那就要從客人聚集的地方開始。主攻客人真正需要的市場，而不是身為生意新手的自己所腦補出來的需求。

如果大家都不想要我的商品，即便是再怎麼特殊的商品也都於事無補。在初期市場各個商家都會展現各自的特色和特殊商品，以爭取粉絲，而特殊商品則很難在已成熟的市場生存。

以身邊的例子說明這個現象：我有一個六歲大的兒子，他超級喜歡坦克車，在他的《超級超級有趣的坦克繪本》裡出現了最早期的坦克，長得非常獨特、非常有特色。各國的坦克都表現出不同的特色，其中也不乏外型神奇的坦克。但是在書籍後半部出現的坦克型號，除了部分細節和顏色相異之外，各型號的整體樣貌都大同小異。可見發展成熟的坦克車，已不需要用外觀特色譁眾取寵。

新手鎖定的大部分都是已經成熟的市場，而打算提供的商品或服務，市場上也多半有人早就發現了。開始時要以謙虛的態度，調整自己的供給以配合市場的需要，直到達成平衡。

必須優先尋找客源會出現的地方，留下什麼痕跡、會有什麼樣共同的行為。創業電子雞系列的影片，就是在討論與此相關的其中一項技術「關鍵字」。

基本上是「用大家常搜索的關鍵字取商品名稱」。在這個網路普及化的時代，消費者們留下的痕跡變多了，在登記商品名時就能加以利用追蹤到這些痕跡。

尋找消費者常在網上搜索的商品，思考他們會在哪裡購買符合產品名稱的商品。這個方法不僅適用於關鍵字，也能用於廣告宣傳。不要先有商品再來想宣傳產品的內容，而是要用廣告內容聚集客戶，再讓客戶購買符合內容的商品；不要思考如何用部落格宣傳產品，而是要思考在部落格上要賣什麼商品。

這就是先養草，再把羚羊放到草原上；要是順序反過來的話，羚羊會餓死。要是先把羚羊放出去後，在草養起來之前，得先用飼料餵養羚羊，就是吸引投資或是負債的意思。如果創業商品非常厲害，具有壓倒性的競爭力或是創業者的名望很高，確實能夠吸引投資者，不過大多都是找不到投資者，最後事業就失敗了。因此要先養草再放羚羊，養草的風險比養羚羊的風險低很多。等放了羚羊之後再放鬣狗，有了鬣狗之後，最後才放獅子，生態系得從底層開始養起。

要是不論怎麼養都長不出草，反而一直長出竹子，那就不要養羚羊，要養熊貓。越是初期的生意，越要隨著手上客戶的風格改變自己的供給，如果能習慣這樣的操作模式，無論是什麼創意想法，最後都能滿足客戶的胃口。到時就能開始活用直覺了，甚至可以轉換營業過程，去回溯能支持直覺的證據。但是新手時期如果依賴直覺，那就和在沙漠裡迷了路還要尋找綠洲一樣。

積攢客源後，其他問題就都能迎刃而解。如果聚集了一千位潛在客戶，就可以為他們規劃基礎提案，選出最符合需求的產品製造商，告訴對方「我有一千位這個風格的客戶，請幫我生產商品」。附上證據以證明自己有多少客戶，當看到客戶之後，製造商也有可能反過來提出方案。像是利用「Coupang Partners」這種服務，將締造的大量業績作為數據加以運用，只要有加入「Coupang」不論是耐吉或是蘋果都能透過這個服務販售。

即使沒有自己的官方網站，也可以將商品登錄到大型銷售網站，以減少基礎設備的費用。輸入「購物中心」或是「智慧商店」這類關鍵字，就可以找到很多資訊。透過頻道裡出現過的無數販售商們，也能獲得不少資訊情報。六十歲、五十歲、四十歲、三十歲、二十歲都可以靠網路商城賺錢。即便學歷不高或是一點都不瞭解這個領域，也一樣能夠賺到錢。

可能有很多人會想：「那個以前是可以啦，不過現在太晚了吧？」當然比起從更早就開始的人來說，獲利的速度會比較慢。但是目前依然是有連綿不絕的商家，申請要來我的頻道聊聊自己經營的商城，而其中有很多是營運不滿一年，甚至不到半年的人。雖然不能保證每個人都能賺錢，但最起碼現在的確還有人在獲利。

如果自己有獨特的技術專業，做生意就會有更多的選擇。可以拍攝 YouTube、也可以製作電子書、寫部落格或是營運自媒體增加粉絲數。剛開始時不太有專業技術也沒關係，可以將學習的內容一天天記錄下來，也可以將過程拍成影片。

「國民講師」金美鏡強調，無法擁有屬於自己網路產品的人，就會失去未來擁有數位建築的機會。進一步說，幾年後人們是否擁有網路商品，將會左右得到的機會好壞。不過從現在開始也不算太晚，正是開始的最好時機。現在不做的話，以後說不定會有後悔的一天，就像那句「早知道那時候就買下房子了」。

過去做生意一定要實際與人見面，給客戶留下好印象，要有說服客戶的過程。當然個人的外貌、風采和個性這些特點，也會影響事業成績。然而現在就不一樣了，人們出現在螢幕裡，溝通只需要經過手指頭和聲音就可以完成。外向活潑、社交手腕強大的人，和內向謹慎、不善交際的人，現在可以在同一個前提條件下公平競爭。

現在是誰都能實現一人企業的時代，誰都能在一小時之內開設商城，還能販賣知識或是才能這種無形價值的商品。不用額外支付租金費用，不用為了經營事業去喝酒應酬，不用搭飛機、不會說外語也可以經營國際事業。就算開始的時候什麼都沒有，但只要堅持往正確的方向努力，就能創造出每月超過一千萬韓元的收入。

人際關係的高投報祕法

世界上沒有不用付出努力就能得到的東西。但矛盾的是，人們總是很熱衷於用少少的努力換取碩大的成果。當想用很少的努力換來豐厚報酬時，很可惜地往往都會失去更多。

人際關係也是一樣，想要維持關係就需要努力。若只想用少許努力去維持好不容易獲得的人脈，要是得到的關係能和投入的努力相等就已經算很不錯了，更遑論超出那之上的好關係。有什麼方法能不流失投入人際關係時的成本，甚至還能有很高的投資報酬率呢？

一、找優點

藝人柳炳宰曾說過一句名言：「選一個討厭的人當作燈塔，然後下定決心『絕對不要變成那樣的人』。」我稱此為「柳炳宰燈塔論」。得到一段高投報的人際關係和這個很相似，不論遇到什麼人，總要在對方身上找到值得學習的點，這將會對成長有極大的助益。

在公司任職的期間，我很討厭一位上司，但是他在整理資料方面真的是技藝超絕。所以當時常常黏著他學習整理資料的方法，而學到的內容對我一輩子都很受用。無論是誰仔細觀察總會有一些優點，只不過大部分都被缺點遮住了。所以看人千萬不能單憑外表就下定論，深呼吸一下、再忍一次，說不定就能在對方身上發掘出被遮住的優點。如果充分忍耐過後還是沒發現對方的優點，這時候放棄說不定才是上策。不要為了得到高投報，把全部的心力都投入進去，此時就專注在將傷害降到最低的結果就好。

二、不要期待

借錢給朋友時，要想好朋友跟錢到底哪個重要，這真是一句至理名言。如果是親近到能借錢給他的朋友，當然是友誼比金錢重要，既然如此，就不要再記掛著把錢要回來。所以借錢的時候，出借的必須是失去也無所謂的閒錢，這樣才不會同時失去友誼和金錢。

在人際關係裡，最容易感到失望的瞬間就是努力沒有收到任何回報。要是非常親近的朋友卻沒有很關心我，就會感到很失望。像是把錢借出去，卻沒能要回來的戰戰兢兢，或是對方不但沒有感謝金援、也沒有不好意思的樣子，感到同樣的失望。

所以高投報人際關係的完美策略就是什麼都不要期待。如果從一開始沒有期望，就不會有失望，為對方提供幫助的時候，就單純以快樂的心情去做吧！「互相原則」的魔法就會助你一臂之力。前面不是說了嗎？免費並不存在，得到多少就要還回去多少才是這個世界的真理。接受方在無意識間，已經欠下關係的債，總有一天要還的。

三、想想未來

技術水準低的人只相信眼前所見，而高手則會思考未來，人際關係亦是如此，現在我對他好，但是如果沒有得到相對應的回報，任誰都會覺得吃虧。但是如果把人當作投資來看，那就不一定都要有等比例的回報。

舉例來說，假設現在十個人間互有人際關係。其中的九個人沒有給予任何回報，但是剩下的那一個人，在未來獲得很大的成功，並十倍以上地給予回報。那麼從這一個人身上，就已經回收對其餘九個人的付出了，實際上這個方法是風險投資客在投資新創公司時的常用策略。將人際關係轉換成投資的觀點，觀察眼前現下的利害關係就不會是一比一而已，反而會希望對方能更好、更成功。有時轉換觀點來看事情是有必要的。

有人可能會覺得在人際關係裡談論本錢「是不是有點太計較了？」然而越是計較的人、越是渴望成功的人，對周圍的人就越好。在《給予：華頓商學院最啟發人心的一堂課》一書中，將人分為三種類型：以自身利益為優先的索取者（Taker），得到與回報相等的互利者（Matcher），以及比起自身利益，會先想到他人的給予者（Giver）。若這三者都處在成功的道路上，能站在離成功最近位置的就是給予者。

他們是擁有人生智慧的人，世界上沒有免費的的東西，付出的親切和幫助一定會有所回報，所以給予者願意欣然給予周圍的人幫助。但不能不分青紅皂白地盲目付出，因為成功路上最底層的其實也是給予者，但大家會稱他們為冤大頭。

如果想要促成一段好的人際關係，不要無條件地付出，而是要有智慧、有策略地，這樣才能形成雙方都獲利的雙贏互惠關係。更進一步說，若是這個正向的影響力擴張到全世界，就可以形成三贏局面，這就是建立人際關係的高投報祕法。

專心

長時間的專心，是達到成就的必須條件。

——伯特蘭・羅素

不要被過去絆住腳、不要夢想未來，全心全意集中在現在。

——釋迦摩尼

只有少數的人能實現理想中的自己，因為我們都不夠專心。
也就是說，我們沒能把力氣集中起來。
很多人不選擇修習單一項目，一輩子這個那個什麼都想碰一下。

——托尼・羅賓斯

花錢還被罵的三種人

這是以前去美國當交換學生時發生的事。出發前聽說美國人都喜歡各付各的，但是在美國住了幾天以後發現，這世界上果然沒有不喜歡免費的人。做了飯邀請他們一起吃都很樂意，甚至是送幾個兩塊美金的漢堡給他們也都欣然接受。每個人都喜歡免費的東西，但還是有人花了錢還被罵，這會是什麼樣的人呢？

一、請一次客要炫耀十次的人

我們承認付錢的人當然有炫耀的權力！如果無法接受，一開始就不該收下對方的東西。不過炫耀也該有個限度，請一次客炫耀一、兩次就算了，但總有人喜歡重複自己的善意，一次、兩次之後還有三、四次，這種人就是後設認知太低，所以無法認知所犯的錯誤。像人家說的將善意誤會成權利，就是嚴重誤會要對方把一次的善意當成一輩子的恩惠。

二、為達目標，用錢為餌的人

二十幾歲的時候，認識一位平時不太會花錢請客的朋友，有天他突然說要請我們吃烤肉。當時想著這個人每次都是吃免費的，今天是太陽打西邊出來了，怎麼會想請客？於是盡情飽餐了一頓。接著這位不常請客的朋友，就向大家借錢了。

果然天下沒有白吃的午餐，當人做出反常舉動的時候，我就應該要猜到了，這頓免費的飯就是餌。像這種為了請託某事，事先拋餌的人，其實比想像中還要多。在這種情況之下，因為互相原則的關係，既已收下別人的東西也就不好再推辭。這種人真的是用錢用得很奸詐。

三、獎勵低於期待值的人

假設一個情況，公司所有的組員為了一起製作某個項目，經過幾天幾夜的熬夜加班，組長說等到這次工作結束，就好好請大家吃一頓飯。終於工作成功落幕了，組長作為最大的功臣，在公司受到了表揚，所以他說要請客讓大家留下來聚餐。結果組長加上科長，竟然把組員們帶到小吃店聚餐……。

組長明明花錢請客了，卻還是被嫌棄。其實很少有人真的這麼無恥，這邊是為了方便理解，故意舉出非常極端的例子。不過就算沒這麼誇張，在一些需要給予對方獎勵或是報酬的時候，若是在對方的期待值以下，即便是獎勵也會讓人很失望。人生很多時候需要判斷力，獎勵時比起剛好落在期待的臨界值上，不如稍微超過一點，這也是人生中重要的判斷力之一。如此一來對方會用正向的感受，將這個回憶長久印在腦海中。

錢，作為和生存有關的東西，在人際關係之中會成為非常強烈的指標。常會說在評價別人的時候，比起外表、性別或人種這些與生俱來的特質，更應該著重於對方的言行舉止。然而比言行舉止更加強烈的東西，就是金錢。如果順著金錢回溯，很容易就能看清對方的意圖和真相，所以花錢一定要再三思考。希望你們能記住，花錢的方式會定義一個人，甚至會決定周圍人的關係。

自然培養好習慣的訣竅

習慣就是人生，幾乎可以說是擁有好的習慣，人生就已經成功一半。在競爭激烈的世界，跑在前面的人除了都時時咬緊牙關、努力撐著外，還會常常努力培養好的習慣。因為習慣屬於潛意識的範疇，消耗的能量比起有意識的努力少上許多。如果無法培養好習慣，每天都會活得非常吃力，那要如何培養好習慣呢？

最快、最有效的方法，就是跟著已經擁有這個習慣的人一起做。在大學時期，我想要養成早起去圖書館看書的習慣，但是在和地球重力激烈的抗爭之中，每每都是對方獲得壓倒性的勝利。更屈辱的是，不只是身體躺著起不來，就連眼皮也睜不開。於是我採取非常手段，找到一位非常勤奮的學弟，讓他免費跟我住在學校附近的房子，不用每天大老遠通車上學。然後拜託他每天早上叫我起床、跟他去圖書館。他因為能省下交通時間欣然接受了，而我真的是每天都被他拉去圖書館……雖然還是在圖書館睡著了。即便如此，因為習慣每天去圖書館，那個學期拿到不錯的成績。像這樣跟著已經擁有習慣的人一起做，培養好習慣其實沒有想像中困難。

無法養成習慣的主要原因是：設定的目標難度太高。培養習慣時，從簡單的做起很重要，要夠簡單才能不斷嘗試，進而養成習慣。先培養小的習慣會產生自信心，用小習慣所省下的精力，去挑戰養成難度更高的習慣。所以開始時要選則較小且能堅持做下去的目標，因此後設認知一定要夠才行。請記住，如果沒有充分瞭解自己就盲目挑戰，最終就只是徒損時間和精力而已。

在培養習慣的時候，記錄的力量比想像中要更加強大。比如為了減重想培養運動的習慣。但即使每天都做運動，事實上身體也不會出現極端變化，得要經過一段時間才會出現肉眼可見的成果。所以大部分的人在前期就會放棄，此時就需要記錄。

雖然肉眼看不出來，不過只要好好運動、搭配食物控制，體重就會一點點下降。每天記錄下來，就能透過數值看見連自己都沒有發現的變化。透過回饋看見小小的成功，能夠激發更大的動力。引用一句彼得·杜拉克的名言：「無法測量的東西，無法管理。」必須要能測量和記錄才能被管理。能管理之後才能給予自我回饋，而持續不斷地回饋才會變成習慣。

習慣被稱為第二天性，與生俱來的天性不容易被改變，但只要習慣夠強大，也足以打破原來的天性並創造新的。將好的習慣變成第二天性，人生自然會變好。「自然地培養好習慣，讓人生自然地變好。」還能有什麼比這個更明確的人生策略嗎？

為何該廢止年功序列制

很多公司漸漸發現年功序列制的缺點，已經著手改善，然而韓國還是有很多依然照年資和職位系統運作的公司。我一直在強調，年功序列制真的是最糟糕的系統，應該盡快廢止才對。多長一歲只等於地球繞著太陽轉一圈，它並不能保證任何事。又不是舉著地球繞了太陽跑一圈，為什麼工作職位要與它成比例往上疊加呢？

年功序列制現在依然存在的理由有二：一是因為韓國根深蒂固的長幼有序儒教文化，二是因為沒有確實樹立能客觀評價工作成果的系統。因此就都默認了這種最糟糕的年功序列體制。

如果工作的實力能和職位級別成正比的增長當然很不錯，但是這種情況很少見，年資和實力絕對不會成正比的往上增長。以前還在公司上班時，有一位叫做「C責任」的人，在前輩之間總是因為誰要跟「C責任」同組而產生爭論。他的職位很高、年薪也很多，但是對分工的理解力卻比其他前輩低很多。如果工作跟「C責任」同組的話，除了負責自己的工作之外，還要另外把自己的工作內容解釋給他聽，如此一來工作量必定增加，壓力也跟著變高幾倍。最驚人的就是「C

責任」明明在工作上沒有特別的成果，總是搭著其他前輩們辛苦得來的順風車，月薪卻比別人都高，現實的地獄就是這裡了。

年薪和職位幾乎成正比，大家都清楚知道年功序列制的弊端，甚至感到厭惡，但卻無法輕易消失的原因是補償心理。因為自己也是順著風向走過來，所以都知道只要撐過一段時間就可以拿到經濟上的補償了。

現在還是有很多大企業的職位分布圖呈倒鐘狀，部長、次長、科長的級別，也就是管理階層的人，比底下實際工作的員工還要多。其實嚴格來說，這樣並不正確。最近的系統發展進步，根本不太需要那麼多管理人員。而且也有很多地方以小組為單位將工作分割，所有的人都不以職位劃分工作，只需要有一位組長擔任管理的業務就可以了，公司也一樣運作得很好。然而現在的問題就是沒有實際執行的人，管理者卻有一大堆，所以實際操作工作的職員和代理人，當然會接受到不必要，以及有如山大的壓力。

最近有能力的韓國青年們，都辭去高年薪且安定的大企業職務，轉戰創業，正是因為組織文化太過鬆散縱容。若公司不是以職位為中心，而是以能力為中心運作的話，員工們工作起來就會更有效率，也會更有內在動機。

年功序列制為公司帶來消極的潛在影響，因為管理階層的工作效率遠遠不及他們的收入，如果不想公司面臨倒閉的境地，就要盡可能縮小職位分布的規模。不論年薪再高，也不能免除管理職實際執行的業務，他們得要以學習能力為基礎，將目標設定為在自己的工作領域獲取基本的專業性。想要達到這種成果的話，比起年資到了就無條件加薪的制度，應該徹底實行年薪協商制度，以工作成果為調薪的比例重心。這麼一來，公司的立場能更好地最佳化人事費用，員工也不用擔心會在退休年齡前，被迫榮譽退休。

在大企業上班的時期，我非常討厭的是，明明我是對的，但要是有人拿出職位威壓就得收回意見。更討人厭的狀況是，在主導某個工作完成之後，功勞卻是給了上面的部長和次長。但在工作上我提的想法，常常上司們不但沒有給予幫助，反而不斷妨礙工作進度；還有在非工作時間的午休或是下班後，也會要求協助完成源源不絕的事。

到底為何會變成這樣呢？這是什麼國王遊戲嗎？是因為自己以前也曾經被上司折磨過，所以補償心理作祟，也想享受特權嗎？年功序列制真的是最糟糕的職場權利，無論是什麼樣的組織，都不該以年資論資排輩，而應該以能力為中心，確立組織體系的根基。這麼一來就能替公司省下不必要的加班費，員工也不會被強迫要參加公司聚餐和應酬，廢止年功序列制就是有數不清的好處。

荒唐的是，甚至在大學裡也有這種高年級掌管紀律的現象。為什麼早一年入學就有特權了呢？又不是八〇年代，怎麼二十一世紀還出現這種鳥事，真是令人嘆息。所以如果想要消滅所有弊端，就得要廢止年功序列制。

吵架的三種取勝法

生活中不時會因為各種理由捲入紛爭，「躲不掉的話就擁抱它」好像並不適用於吵架；「躲不掉的話就讓它過去」才比較現實。應該要怎麼做，才能機智地克服紛爭呢？

一、用對方的邏輯反擊

吵架紛爭會發生在雙方的主張立場互相衝突時。不要太堅持自己的想法，先聽聽對方的意見，然後用他的邏輯突破破綻。被自己邏輯反擊時受到的屈辱是非常致命的，當對方動搖的時候再用自己的意見給予最後一擊吧！

二、亡羊得牛更是贏

吵架並不需要獲得壓倒性的勝利，就像下圍棋的時候，贏了半目也好、不計勝也罷，都一樣是勝利。所以能讓的地方就讓步，能忍的就忍下來吧！讓對方以為自己佔上風，而我方則盡可能爭取想得到的部分。因小失大不是空話，為了蠅頭小利而失去大利的人比想像要多。而且看到對方以低姿態上場，他們會以為自己有優勢，就會輕敵。不要為了贏，看都不看就往前衝，先搞清楚想得到的是什麼，再策略性吵架吧！

三、區分持久戰和短期戰

即使是在對自己有利的情況下，也不能被對方的速度帶跑了。如果對方因某種理由想要速戰速決，那就盡可能把戰期延長，對方就會感到厭倦或是焦躁；還有些人是慢慢來的類型，拖到越後面越有耐心，而我們也可能不適合持久戰，此時就得咬牙用盡全身的力氣吵架。只要對於整體情勢的後設認知夠高，即便狀況不同，也能輕鬆與對方競爭。並不是隨時隨地、無條件拚盡全力就最好。無論什麼時候，時機最重要，在適當的時機一把抓住勝利吧！

將人類的歷史說成是打架的歷史也不為過。如今人們相互擁有的連結比過去任何時刻都要多，當然也就會有吵架跟紛爭。而社群媒體的出現讓我們連結的數量爆發性增加，紛爭也隨之而來。這代表人們一定得學會吵架的方法，既然都要吵架，那我希望你能獲勝。

時間

嚴格遵守時間是經商的靈魂。

——哈里伯頓

你或許能拖延，但時間絕對不會。

——班傑明．富蘭克林

人生用來怨恨別人，真的太短了。

——伊隆．馬斯克

錯失機會的最根本原因
無力做事時的做事法
結交隊友的富人關係
為何疏忽了重要的家人？
語錄：勇氣
身心俱疲時的三種對策
成為好的嘮叨大師
絕對不能省的三種投資
不能盲從的五件事
語錄：目標

錯失機會的最根本原因

雖然實力很重要，但時機更重要，機會來臨時好好表現，才能得到最好的結果。其實在計較對於成果有多少貢獻時，很多情況下，機會所發揮的影響力比努力更大。對於那些盡全力拿出最好表現，卻沒能得到理想結果的人，這是無稽又憤恨的憾事，不過人生就是「運七氣三」。絕對不會如預期般地線性發展，所以牢牢抓緊機會比想像中更重要，什麼樣的人能抓住機會？而什麼樣的人會錯失良機呢？

絕對沒有什麼完美時機，都說機會是給準備好的人，這是當然的，但也不要誤解了這句話。準備好並不是指具備完美的能力，而是指就算有些不足也能咬緊牙根拚盡全力的態度。大部分的人都是做好充足準備之後，才想要進行挑戰；然而機會不等人，如果運氣不錯遇見機會，就算實力不足也得要硬著頭皮試試。就像開頭說的，很多時候時機比努力重要，所以不要猶豫，衝吧！

適當的貪心可以變成競爭力，但是太過貪心的話，則容易被蒙蔽雙眼、後設認知跟著降低，尤其很多機會不是只有一個幸運兒而已，而是一整批人。例如找東西時，是很多人一起找比較快，還是一個人找呢？當然是人多會更有優勢。不過要是出於貪心，想要一個人獨佔機會而勉強去做，最後很有可能會通通搞砸。很多時候較大的業績需要靠大家協助一起完成，但若是因為一時的貪慾，不想跟大家一起合作、分享成果，反而想要一人獨佔，但到最後可能只會換來一場空。想要抓住機會，要先懂得拿捏分寸！

機會不會自己舉著「機會」的牌子。因為它太受歡迎，總是感到非常害羞，所以從來不會特別地表現自己，而是東躲西藏。機會絕對不會用讓人一眼就能識破的裝扮和型態出現，如果大家都能看見，那它就一定不是機會；若是不小心誤以為是機會就衝過去抓，說不定會造成正面迎接危機的局面。機會藏身於辛苦和看似困難的地方，它絕對不會在平凡無奇的地方等待你。

美國小說家傑克．倫敦說過一句這樣的話：

「你不能等待靈感出現，你得拿著棍子去追。」

這原本是關於寫作的一段話，但是用在機會上也是一句斐然的名言。不要只是等待機會到來，得拿著棍子去追，這才是準備好尋找機會的人應該具備的正確姿勢。別忘了，天下沒有白吃的午餐，機會也不會白白得到，這就是人生的真理。

無力做事時的做事法

在人生中誰都會有感到無力的瞬間，真的會像廢人一樣什麼都不想做。不過時間並不是把手錶用壞就會跟著停止，而該做的事情也無法延後推遲。有時候真的什麼都不想做，卻又有必須要做的事，這時該怎麼做才能把事情完成呢？

有一些不用動到一根手指，也能做的事情，就是「想」。是沒有力氣，不是沒有想像力，愛因斯坦也說想像力比知識偉大。所以碰到這種狀況，請將擁有的想像力全面啟動，想像事情沒完成時會發生的最壞情況，或是完成之後能夠獲得的最高獎勵。

這也是有策略的，在《不被拒絕的力量》一書中提到，心理學家將未來分為兩種類型：一是指與現在時間相近的近距離未來，二是與現在時間遙遠的遠距離未來。人們會以清晰而明確的方式處理近距離未來，卻會以常態和抽象推測的方式談論遠距離未來。近距離未來是以現實的觀點，觀察實現的可能；而遠距離未來則是以理想的觀點，觀察是否恰當、是否有價值。

當待辦事項屬於近距離未來，比如說下週的考試。想像沒讀書的話可能發生的最壞情況，例如媽媽雷霆震怒的瞬間，想到這裡就會開始行動了；然而如果是屬於遠距離未來，比如以六個月為期的減肥計畫。那麼想像努力運動獲得的最棒獎勵，也就是擁有完美的身材，也會有很好的激勵效果。

有些深感無力的時刻，真的沒有辦法用努力來克服，這時候就該找幫手。若可以負擔就花錢請人代勞，沒有餘力負擔的話，就跟對方約好，當他遇到困難的時候必會出手相助。這是向外承包的概念，對我們來說很困難的事，可能他人不費吹灰之力就能完成。所以當提不起勁、什麼都不想做的時候，可以思考事情是否能外包給別人，會是很有效的做事方法。

什麼都無力去做和放棄並不一樣，明明想要做，卻什麼都做不了的時候，心裡會很痛苦，要是能果斷放棄，或許就不會這麼煎熬。很多時候會被一些不必要的事絆住腳，此時非常重要的是從根本思考親自去做的必要性。真的很不想做，也有可能是事情正在往錯誤方向偏離，仔細評估是否能夠承擔放棄的失敗成本，如果可以的話主動放棄也是一種選擇。若能休息一下再前進，之後反而能走得更遠，就結果來看，放棄會是更好的決定。

結交隊友的富人關係

在《玩什麼好呢》這個韓國綜藝節目中，臨時組成的女子團體「退貨遠征隊」其中一員的歌手嚴正化經歷過低谷。她自二〇一〇年做了甲狀腺癌手術後，由於聲帶的神經麻痺等問題，很難再以歌手的身分活躍於舞台上。在這個狀態下重新開始錄製音樂的工作，嚴正化本人和所有的工作人員都感到非常緊張。

然而，在旁看著一切的劉在錫卻做出特別的舉動。考慮到嚴正化的狀況，他除了將練習時間和地點稍做調整之外，還邀請一位親切的主唱歌手，幫助她恢復狀態。另外也仔細觀察，在最關鍵的時刻向其他工作人員稱讚嚴正化，告訴大家她做得很棒，藉此提高士氣。之後嚴正化不僅完成了「退貨遠征隊」的活動，還有個人演唱的空前成就。像劉在錫這樣的人，才真的能說是「我的隊友」不是嗎？

要怎麼辨別誰才是跟我站在同一邊的人呢？協商專家柳宰彥律師說，一段關係的品質與信任有關，並提出了五個關於信任的階段。第一階段是不論說什麼都不相信；第二階段是當對方提出意見，表面上看起來回應熱烈，實際上卻沒怎麼放在心上；第三階段是恰好能完成日常工作業務和溝通；第四階段是願意用自己的時間和精力，為對方的私人事務提供幫助；而第五階段則是無論對方說什麼都不會有任何質疑，立刻給予協助。實際上就算只達到了第三和第四階段中間的信任程度，也已經足以合夥開業。

信任像積分點數一樣，與時間經驗成比例累積，但是偶爾也會需要跟認識不久的人，一起合作某些重要工作。這時候比起勉強要求對方信任自己，不如去向別人借一點。也就是可以藉由雙方都很信任的第三者協助，經常用在人際關係的「人脈」一詞，就是在這個瞬間派上用場、發光發熱。

想要建立並維持一段好的關係，首先得要保持自己的心態健康。人生起起落落，有平步青雲也有困難艱辛，困難時能夠支撐、鼓勵並重新爬起的原動力，就是自信心。自信心可以幫助我們理解自己，擁有健康自我意象的人，比不健康的人恢復得快。然而在社會化的過程中，自信心會漸漸降低，因為比「我」更重要的東西變得越來越多。

難道沒有能讓自信心恢復並保持健康的方法嗎？精神科醫師全美鏡認為，自信心可以靠後天的努力增加，就像人們在登山時，相遇的登山者會無條件互相親切問候彼此一樣。用正向的經驗填滿人生、尋找導師監督自己、專注於自己的人生，並且持續探討與學習世界變化的方向、培養直覺，不知不覺間就會發現變得更有自信心了。最重要的就是，除了現在所具有的之外，還要刻意去接觸其他好的事物，並加以接受。

對錢的感覺也會左右能否成為有錢人。精神科醫師鄭宇烈院長強調，賺錢的方法和知識很重要，但是自己一定要知道，對於錢抱有什麼樣的感覺。因為每個人對錢的感覺都不同，有的人以錢為恥、有的厭惡錢，也有些人一講到錢就充滿熱忱。

不過這些都是有原因的。在成長的過程中，家庭或是學校裡的經歷，會無意識形成看法及人格。在「錢」這件事情也是一樣，對錢的看法和感覺，成長過程中影響最大的是父母和老師。假如父母是勤儉節約的性格，孩子長大可能會像父母一樣克勤克儉，不然就是完全相反，大手大腳、揮金如土。而若是過去曾有老師因為錢，對學生差別待遇，會在腦子裡不知不覺間扎根，影響未來看待金錢的態度。無意間產生的情感，會對看待錢的態度與用錢的習慣有很大的影響，所以一定要好好觀察自己對錢有什麼想法跟感覺。然而人很難完成對自己的觀察，要是能將自己投射到其他的地方會很有幫助。可以跟願意傾聽內心的人談談，太難的話也可以寫日記，這些就是最具代表性的方法。

心理諮詢師朴世尼說，明明就可以擁有更多成功、賺更多錢，卻無法辦到的原因是「沒辦法控制情緒」。人類在無意識間會產生無數個想法，然後感受與之相聯的情感。但是如果沒有辦法好好控制情緒，就會把好的感受縮小、壞的感受放大，這就是所謂的心態崩潰。

我們無法控制腦中的所有想法，但是至少可以察覺，避免某些想法過度發展。就像這句話：「我們沒辦法阻止鳥在頭頂上飛，但是至少能夠不讓牠們在頭頂上築巢。」如果能夠控制情緒，就能夠管理心態，也就有可能獲得更大的成功。

如果可以控制自己的情緒，就能積極地接觸更多人，得到機會，為未來的發展鋪路，在這個過程中，也必須要習慣被拒絕。拒絕本身並非不好，因為被拒絕的不是個人的存在，而是提出的產品或是一部分的想法而已，如果能夠為對方著想，多考慮情況和立場，並且不斷提出新點子，對方就會接受我們的提議了。如果能夠加以控制自己的情緒，就可以改變別人的想法。

鄭宇烈院長說，必須要接受自己最真實的感受與情緒，不要在乎別人的想法。為了做到這一點，社會與組織中情感文化的中心思想，就有必要由「被動許可」改為「主動接納」。因為對於每個人的感受，必須要沒有一絲懷疑與判斷，百分之百認為是適當的才行。用這樣的態度接受情緒和感受，彼此的心理會輕鬆一點，接著就會產生追逐理想的力量。而這樣的感受，與組織的效率和利潤之間互相連結，一個想要超前領先其他競爭者的企業或組織，就得要創造出尊重所有成員感受的環境。

很多人都想要找到可以從頭到尾、至始至終都跟自己站在同一邊的人或是團體，不過這不是一下子就能找得到的。首先得要提升自信心，保持自信、尊重自己，並且調整自身情緒的同時，回顧對錢的想法，這樣走著走著，就會見到志同道合的人了。

為何疏忽了重要的家人？

假設你將會在一小時後死亡，你會做什麼事？大多數的人都會回答要和自己所愛的人一起度過，那麼我們最愛的人是誰呢？答案或許會根據狀況不同而改變，不過大部分的人，應該不用多想就會回答「家人」。然而我們平時不太會想到家人，為什麼卻會在最重要的時刻想起他們呢？甚至，為什麼我們最常吵架、發生衝突的對象會是家人呢？如果能好好思考這個矛盾的現象，就算一次也好，那麼人生的幸福感就會增加。

「理所當然」是遺忘的開始，我們常會遺忘一些理所當然的事物，等到發現它不在了以後，才會知道有多重要。就像平時吃到的臭豆腐，和出國旅行兩個月後回來吃到的臭豆腐，是兩個美味等級完全不同的食物；平時對於天空毫不注意，要等到粉塵嚴重汙染，彷彿撒上灰塵般看不見藍天後，才會知道乾淨天空的重要。

家人也是如此。我們為什麼會和他們變成家人呢？要說明這點太過困難，我想將一切都當成是命運，那就理所當然地接受。也就是說，家人在我們的人生中，是最先被當成理所當然的存在，所以才會總是被遺忘。家人的珍貴要不時的從心裡轉移到大腦裡，這樣我們才會領悟他們的重要性。

養育過孩子的家長們一定深有同感，平常不太會感覺到孩子正在長大，因為無時無刻都在一起生活，但是偶爾來看孩子的人都會說「哇！已經長這麼大啦！」我們都以為一起長期生活的家人最容易察覺到自己的變化。然而正因為每天相處，會更早也更先看見變化，因此很快就習慣了，反而無法察覺到改變。日常生活中會聊到停不下來的朋友，是每天都會見面的？還是好久不見的呢？當然是後者了，因為在沒見面的時間裡發生很多變化。家人也是因為物理距離太近，反而心理上變得更遠了。

我們經常疏於表達感情。寄住在加拿大白人家庭的那段時間，我發現他們跟家人彼此之間會積極地展現肢體語言、互相打招呼慰問，對於這點我感到非常驚訝。住在美國時的三個室友都是籃球選手，我偶爾會遇到室友全家一起來探望他們。雖然已經是十多年前的事，我至今依舊難以忘記，第一次見到那個龐大黑人家族的瞬間。特別印象深刻的是，與好友EJ的母親初次見面時，我都還沒說完「Hi, Nice to meet y……」，她就抱著我說「Come on, son」。

雖然最近已經改善許多，但是韓國過去的家庭別說是肢體語言了，家人間就連表達感情都很生疏。如果要穩固幸福的根源，就算只是一件小事，也要發自內心表達出感謝；就算沒有特別的事，平時也要記得說句我愛你。家人之間也需要練習說話，多練習才會習慣，習慣後就不會那麼費力，能夠自然而然表達出來。所以這一切都是習慣，因為疏於對家人表達珍愛之情，但只要努力改變一切就會習慣了。漸漸地與家人間淡淡的幸福就會滲入我們的生活中，人生整體的幸福感就會增加。

勇氣

勇氣是能站起來說話的資質，同時也能讓我們坐著傾聽。

——溫斯頓・邱吉爾

如果人沒有勇氣承擔風險，人生就什麼都實現不了。

——穆罕默德・阿里

只要有追逐夢想的勇氣，所有的夢想都能實現。

——華特・迪士尼

身心俱疲時的三種對策

每個人都會有感到身心俱疲的時候。雖然經歷的時間和情況都不一樣，但是不論精神或是肉體都難免厭倦。在生活節奏緊迫的韓國，身心俱疲的人更是多到不可勝數，不過能採取正確措施的人卻寥寥無幾。真的感到身心俱疲、厭倦無比時，必須得要採取什麼行動呢？

一、好好休息

或許會心想，這種想當然爾的事情還有什麼好說的？所以我想反問一個問題，什麼叫做好好休息？只是單純沒在工作，就可以說是好好休息了嗎？

每個人對休息的定義都不一樣，不過我想說的休息是具有「充電」意義的概念。厭倦就像是沒電了，再也沒有力量繼續下去，所以需要時間充電。比如午休對上班族來說是很寶貴的時間，此時的好好休息就是盡量減少能量消耗，並且為下午的工作補充能量。最有效的休息法之一是睡午覺，只要十分鐘就能降低疲勞造成的腺苷（Adenosine）濃度，可以愉快完成下午的工作。然而大家會習慣把這段寶貴時間拿來做無意義的閒聊，白白浪費時間。最糟糕的是，把時間拿來聽別人說上司閒話這類沒營養的話題，這種才不是休息，是酷刑。

閒暇時間玩手機遊戲，雖然看似在休息，實際卻是在享受短暫的空閒而不是充電，所以絕對不能當成是在好好休息。要利用周末或是休假時好好充電休息，不過認真思考休息是什麼的人卻不多，被浪費掉的時間比充電還要多。因此必須提高對自己身體的後設認知，在身心俱疲的時候，藉由適當休息為沒電的身體好好充電。

二、評估工作的難度

人生很長，世事難料，所以要更有意識地努力，將目光放長放遠。在艱難的人生裡，因為機會難得，當看見機會時，就要咬著牙盡最大的努力表現。

然而就算抓住了機會，卻無法撐下去，甚至還出現了健康問題，就要重新認真評估了，或許嚴格來說這根本不是機會。實際上我是工作狂，很享受自己拼盡全力所獲得的成果，而且認為沒有任何東西能夠取代沉浸於工作中的喜悅。從大企業辭職開始做新工作時，眼看工作上了正軌就著魔般地投入工作。雖然內心非常快樂，不過很可惜的是身體完全無法負荷，結果身體出現問題，甚至還生病了。

現在我一面調整適當的工作量，同時接受治療，所以身體健康已經恢復許多。不過因為做了力所不及的過量工作，比起獲得的成果，反而失去更多，尤其是在體力方面。所以如果感到身心俱疲，就必須認真思考現在做的這份工作，是否和自己的能力達到適當的平衡。

三、精神勝利法

前面說了關於正確休息和評估自身能力，現在輪到戰鬥過程了。如果是必須完成、無法避免、又沒有其他選擇餘地而必須戰勝的工作，那就需要精神勝利法了。首先度過眼前的危機最重要，跨過這道坎之後，就會有時間做前述的休息以及評估了。

為了精神上的勝利，需要思考開頭與結尾，也就是初心和未來藍圖。每個人在開頭都顯得衝勁十足、意氣風發，心中充滿了興奮和激動。問題是，現實中並沒有方法可以一直保持初心。只不過它能幫助回想當時積極正向的心情，藉此咬牙撐下去。

另外，要鉅細彌遺地想像經濟上將會獲得的獎勵！雖然，想像搞砸時可能受到的損失，也會成為強烈的刺激和動機，不過既然如此，那就選擇正面的心態吧！當被遺忘的初心和藍圖在心裡再次蠢蠢欲動，就可以稍微充電，用被振奮的力量再撐一下。但精神勝利法基本上是有限的，希望你們渡過了眼前的難關後，可以好好思考一下前面的兩點建議。

過去曾經掀起一股「療癒」熱潮，我當時就不太喜歡。這種藉著安慰的名義，不管三七二十一就跟人家說一切都會變好，這是無意義的建議和逃避現實的風氣。那才不是真正的療癒，真正的療癒必須在正確的休息中尋找，傾聽身體和心靈的聲音，然後選擇適合的環境好好休息。比如經常清洗寢具用品就可以大幅增加睡眠品質。所以想要獲得真正的療癒，得要找出正確的休息方式。能夠好好休息，才是真正愛自己的最好方法。

成為好的嘮叨大師

就算自己不願意，有時還是需要說一些對方不愛聽的話，尤其當身為領導者，這種事幾乎是家常便飯。其實碎念不只是聽者不悅，說者也不會感到愉快。而最壞的情況是，碎念不但無法讓事情改善，還加深關係上的裂痕。所以當明明不想卻又不得不說，要怎麼說才能將碎念提升到藝術的境界呢？

在負面狀況下難免會嘮叨兩句，此時不能為求達到目的，一開口就直指重點。首先，要先透過對話形成適當的認同意識，就像打針要放鬆才比較不痛，嘮叨也一樣。要是突然被別人碎碎念，大部分的人只會更加消極，比起認同反而更有可能引起反感。

因此絕對不要劈頭就提人家不愛聽的話，即使跟主題沒有直接關聯，也要從能夠形成認同感的對話開始。比如要指責對方的錯誤時，先從認同對方不得已才造成錯誤的處境和心境開始說起，就可以減少對方被嘮叨碎念的反感。

總之，會說出對方不愛聽的話，都是因為想改善狀況。客觀來說，最需要改善情況的是說話的人。意思是，當事情改善後，獲得更多好處的，很有可能是開口嘮叨的人。所以千萬不能情緒化地開口就說，否則嘮叨很有可能會被當成是為了滿足自身慾望而採取的自私行為。越是想改善就越要平心靜氣地要求，要明確地跟對方說明，這樣的改變會有什麼好處。

有一點很重要的是，就算好處很小也必須讓對方瞭解。如果能具體知道隨之而來的獎勵，那麼獎勵就會變成動力，問題就會比預期中更容易迎刃而解。

真正會嘮叨的高手不用嘴巴說，而是用行動去做，行動帶來的壓迫感比話語更加強烈。我曾經和三個朋友一起在外租屋，想像一下三個年輕男子合租的房子……不，算了，太可怕還是不要想像了。雖然我沒有潔癖，但為了健康著想，還是下定決心動手打掃、改善衛生狀態，然而另外兩位室友的反應卻很含糊。我並沒有要求他們也要一起打掃，於是我先從最難清理的廁所開始打掃，就像在當兵時那樣，拿刷子嚓嚓地刷著地板。而看到這一幕的他們，也默默開始打掃起廚房和房間。行動比話語更加強烈，千萬別忘了，最厲害的嘮叨策略就是以身作則。

絕對不能省的三種投資

在求學的過程中，大人們都耳提面命節省的精神很重要，而實際上的確也很重要。社會新鮮人想要存錢，第一步當然要控制開銷，但是只要節省就好嗎？絕對不是。以下來看看三個絕對不要節省的投資。

一、有益前途發展的投資

最不應該省錢的就是學習和成長，萬一有需要的話，即使是借錢貸款也得要積極學習，以長遠來看，這樣才會更有競爭的優勢。舉例來說，在健身房可以付費上教練課，雖然各家價格不一，但整體收費偏高。所以很多人會選擇不上教練課，但若是不瞭解身體的基本力學就開始運動，很容易會把身體搞壞；相反地，雖然花的錢比較多，但向專家好好學習，就能一輩子都正確運動。碰上不熟悉的領域，即使要花錢學習，也一定要好好投資自己。

二、健康上的投資

如果打定主意要好好投資在健康上，那可能會是一筆很大的開銷。不過有兩件事是一定要的。第一是吃好的食物，這裡說的「好」不是指貴的意思，而是要吃有營養的食物。特別是年紀大的長輩，常會為了節省而吃放了很久的食物，或是覺得食物剩下很可惜，就全都倒進胃裡。如果為了省這一點點，結果吃壞肚子，反而得要支出更多的醫療費。

第二是按時進行健康檢查。通常能透過健康檢查，早期發現病症，後續也不用花更大筆的治療費用。即使外表看起來沒有生病，也可以藉著檢測，查出健康不佳的狀態，後續靠著飲食療法或運動，就能恢復健康。千萬不要在健康上省錢，健康沒了就什麼都沒了。

三、送禮的投資

既然要送禮，就千萬不要選蹩腳的禮物。或許有人會說心意比禮物更重要，但現實並不是這樣。送禮一定要送到讓對方稍微感到不好意思最為恰當。如果為了省錢而送出蹩腳的禮物，反而會引起對方的不滿；萬一手頭不甚寬裕，也可以選擇送出需要花費精神、投入情感努力的替代方案。結論就是，必須拿出對方看見會心動的禮物，才是送禮的「現實」核心重點。既然已經下定決心要送禮，就要送到心坎裡。「天下沒有白吃的午餐」背後的含義是，最終這些東西都還是會回到自己身上。

無條件省錢不是好的節省方式，好的節省得從「投資」的層面思考。學習、健康、人際關係這類型的領域，雖然結果不會立刻顯現，但只要經過一段時間，收益就會超出投資的成果；相對地，娛樂或是購物則很難回收超出投資的價值。所以如果覺得有投資價值，就果敢去做。平時其實也是為了這種關鍵時刻才如此節省的。

不能盲從的五件事

這個世界上的假新聞層出不窮，偶爾卻還是會看到有些人未經思考就相信了那些荒誕無稽、毫無根據的說詞。而令人意外的是，這其不乏中高學歷或是從事具有專業性工作的人。無從得知這些人內心真正的想法，所以無法確切得知背後的真正原因，或許也各自有相信的理由。但能推測這是因為他們沒有好好確認事實真相，而這就叫做盲從。

盲從在字典上的定義是「不辨是非，毫無主見的附和他人」，反過來說，只要能分辨對與錯就不會盲從。不過我們在很多領域比想像中還要隨意盲從，而帶來的副作用會對生活造成嚴重的影響。所以有哪些領域是千萬不能盲從的呢？

一、健康

在我剛滿三十歲時，四十多歲的前輩們常常會提及關於健康方面的建議，但當時只是左耳進右耳出，並沒有把話聽進去。理由很簡單，因為對自己的健康比任何人都要有信心。後來運氣很好地得到我所嚮往的工作機會，於是不分週末假日，沒日沒夜、每週埋頭工作至少八十個小時。其實原本也可以同時兼顧健康，但卻選擇了盲目相信自己體力。結果呢？後來健康上出了狀況。過去在公司當員工時，跟二十多歲的同事們比賽平板支撐，可以輕鬆撐個至少兩分鐘以上，現在就連維持一分鐘伏地挺身的姿勢手臂都會發抖。之前要上教練課的時候，還聽說我的體力已經像是個六十幾歲的老人，盲從的下場就是這麼慘。

二、媒體

小時候我曾經相信新聞報導的內容都是確切的事實，但是現在就不會了。新聞媒體在報導事件的時候，會持有一定的觀點和立場，在沒有人為介入的前提之下，並不存在完美的客觀。最近網路社群媒體很發達，就算某些媒體放出沒頭沒尾、沒有根據的新聞，也難以輕易確認事實真偽。然而這件事情的副作用就是，在 YouTube 或是 Facebook 上有非常大量毫無根據的傳言，被偽裝成事實、傳播出去。所以在接觸任何的資訊時，都盡量以批判性的思維去看待。

三、記憶

很多人都會以為自己的記憶相對來說是正確的。但是無數的社會實驗證明了，因為認知的偏差，我們原本就無法客觀辨別事情的真相，而且記憶本身就是非常容易被扭曲。如果以某段記憶出來討論，往往會以吵架收場。所以用記憶作為根據時，一定要多加留意。最好的方法是不要依賴記憶，而要記錄下來。如果是非常重要的事情，就要養成寫在備忘錄的習慣，現在也可以輕鬆用智慧型手機，透過錄音或拍照的方式記錄。別忘了，記錄遠遠強過記憶。

四、渺茫的機率

人們認為那些渺茫的機率絕對不可能發生在自己身上，但是誰都不知道黑天鵝會在何時何地，突然出現在生命裡。幾乎每天都有人因為交通事故離世，這是一個很令人心痛的悲劇，不過我們認為這終究是別人的事，所以並不會為這種渺小的機率做好事前防備。光是繫好安全帶，在發生交通事故時就能夠大幅提高生存機率，然而有人卻因為覺得麻煩，加上潛意識裡盲目認為機率很低，絕對不會發生在自己身上，於是就等同於自願參加倒楣抽獎。

五、自己的意志力（或者熱忱）

這個世界上最快冷掉的東西，就是因衝動而生的熱忱。所有人都有意志力，只不過能持續下去的人非常稀少，大多數都是高估且盲從自身意志力傾向的人，大喊自己做得到的人裡，幾乎沒有真的能做到的。比起意志力和熱忱，更重要的是得要充分瞭解挑戰的難易度，並配合自身能力，才能專心投入。能夠專心，才能夠長久堅持。還有一個比意志力強大的就是創造環境，因為意志會削弱、低迷，而環境卻不會改變。

《數據的假象》一書中有句話：「因為太美好或是太糟糕，聽起來實在覺得不像是事實的話，那麼你很有可能是對的。」在旁人的眼裡，很難理解那些盲從的人，原因就在這裡。明明看起來就不像真的，而他們卻不分青紅皂白，一下子就信了。

這句話也是在說不陷入盲從的原理非常簡單，那就是懷疑。一次也好，請認真思考自己看到的現象是否為真。不過，幾乎難以在瞬間就立刻確認假事件，大部分的結論都是「資料不足，無法確認這是否真實」。然而只要能夠思考到這個程度，也已經足以不陷入盲從。之後的步驟就是查資料、佐證事實與主動學習就可以了，這也就是「變聰明」的法則。

目標

目標是有時間限制的夢想。

——拿破崙·希爾

成功人士設立的下一個目標，大多會比上一次實現的目標難一點，但不會太過分。這樣不斷地擴大抱負。

——庫爾特·勒溫

目標不是一定要達成，僅作為瞄準點，也足以發揮它的功能。

——李小龍

不要成為言語公害的老頑固
埋頭苦幹會後悔的四個理由
實力帶來的人脈才會成功
對待霸凌的三個方法
語錄：朋友
「高手」是什麼？
慌張時不怯場的三種方法
長期當酸民會毀掉人生
會被討厭的三個瞬間
語錄：堅持

不要成為言語公害的老頑固

在韓國社群媒體上很常出現「老頑固」，不誇張地說一天至少會看到一次以上。雖然是這麼常使用的詞，但我們真的知道老頑固是什麼嗎？比如說，老頑固一定只能用在年紀大的人身上嗎？絕對不是的。韓國的老頑固是指，明明話不投機卻還是硬要聊的人，這種人不分年齡、到處都有。什麼樣的人會擁有「老頑固」特質呢？

最具代表性的就是，明明不需要他的建議，他卻非得要提供建議的人。這個類型是最讓人疲累的說話對象，特別是在搭計程車時很容易遇到，花錢使用這項服務，卻還得一路聽他教訓。

還有另一種是舉著安慰的旗幟過來出主意的人，雖然聽起來沒有威脅，不過這類型卻比想像中麻煩。首先因為不是當事人，很有可能搞不清楚事情的整體狀況；而當事人因感到筋疲力竭，就算此時聽到多麼理性的對策，對他們來說很可能都只是噪音而已。因此對於不需要意見的人，在旁邊靜靜陪伴就好了，等到對方主動提出要求建言時，再發表意見也不遲。

而最經典的則是將自己狹隘的經驗，當成真理宣揚。不論個人過去的經驗有多好，對他人而言現在可能已經完全不適用，因為事件的來龍去脈改變了，解答當然就會不一樣。然而有人就是會拿著自己曾經解決的難題，或是達成目標的經驗，一副一語道破天下真理的樣子，這就是最典型的老頑固。

尤其是這一種情況，反而更常出現在人生經歷不夠多的人身上。大學時、當兵前，還有退伍後回到學校之前，我都會去請教大一歲的前輩們，念什麼書或是累積什麼樣的經歷比較好。然而，前輩們每次的回答都一樣，「就玩啊！」當我說：「這樣玩下去好像不太好，還是應該念一下書比較好吧？」，前輩卻冷笑了一聲，回答念書沒有什麼意義。如今過了十多年的歲月，再回過頭來看，如果有人問現在的我同樣的問題，希望能提供他一些建議的話，我會先瞭解對方的情況，再提出幾個符合對方情況的選項。而且所有的選項裡，都不會有「玩啊！」這一項。

而最糟的老頑固，則非權威意識莫屬了，太多的人會把公司裡的職位級別當成權力。甚至在學校裡，前後學屆或學年等明明不是上下級的關係，到了二年級的時候，還是會出現十幾、二十歲的老頑固。好像早讀了一年，就會對校園生活就有多瞭如指掌似的，甚至濫用權力橫行霸道。如果說大韓民國是地獄朝鮮的話，這個部分可說是禍害的根源。

以前在公司當科長的時候，部長經常找我說和工作無關的人生建議，但我聽起來似乎有很多說錯的地方，而聽似可行的部分，又完全不適用於我的狀況。然而部長幾乎每天都會過來嘮叨不必要的建議，所以某天，在只有我、另一個公司員工，和部長三個人的時候，我嚴厲地回了部長兩句，我說：「部長，其實我看過的書好像比您看過的多了好幾倍，並且我也不是很需要部長您給的這些建議，所以您就不需要再多為我操心了，您好好休息吧！」選擇另一位職員在場的時候說，是為了留下證人，希望部長不要再說那些沒有用的建議了，簡單來說就是當旁觀證人。在這之後，雖然明裡暗裡多了一些報復，不過卻少了很多包裝成人生建議的廢話。既沒用又不必要的建議，我想即便算不上是言語暴力，應該也離言語公害不遠了吧？

埋頭苦幹會後悔的四個理由

在為求溫飽的資本主義機制裡，幾乎沒有人是經濟自由的，解決這個問題最普遍的方式就是去公司上班。公司是在日常生活中待得最久、投入精力最多的地方之一，所以在公司裡，努力工作就像是一種美德，是為了能夠維持長期生活運作的必要條件。所以在學期間，總是把勤勉、誠懇當作最高的道德標準學習。然而現實卻絕非如此，像牛一樣埋頭苦幹也無法保證得到回饋。到底其中發生什麼錯誤了呢？

一、努力和報酬不成比例

公司裡最敏感的事情就是報酬。有些人是因為喜歡這個工作所以埋頭苦幹，不過能讓大部分的人繼續上班的動力，來自於經濟壓迫這種外在動機。然而就算努力工作，並不見得能夠收到等價的報酬。

首先，想要從多數人共同合作的工作，正確評價個人的貢獻程度相當困難。再加上，韓國的年薪協商制度多半還不夠有系統性，公司一旦決定好了年薪調整率，大多都會將制度統一適用於所有人（雖然可能會有些微的差距），所以就別想協商年薪了。也就是說，就算工作上表現優異，但要是無法協商年薪、展現個人成果，那麼絕對不能盲目地努力工作。不過如果能適度協商的話，建議可以咬著牙努力工作。

二、考績決策者時常在改變

人事考核決策者隨時都可能改變。可能是人會改變，就算是同一個人他的想法也可能會變。以前在公司上班時，我曾經拚盡全力完成工作任務，成果也很不錯，然而在考績評價之前，卻因為公司突然組織調動，原先的決策者被換掉，導致我沒能拿到很好的考績評分，這件事情至今仍記憶猶新。

相反的，也有意外得到高分考績的經驗。當時有一位預計要升職的科長，是被安排到能得到高分考績的重要工作，然而卻突然被取消了。身為決策者的他為了能在公司存活，開始施壓於我的工作，要求快點做出成果，於是我和副手為了迎合他，真的盡了最大的努力。結果就是，我們得到了完全出乎意料的高分考績。那時候因為知道只要把工作稍微做得好一點，百分之百可以得到好的評價，所以真的是拼上老命般完成工作。

三、各職務級別需要不同能力

要想在公司長久生存，個人發展非常重要。因為職員、主任、科長、部長，每個人在各個位置上都需要發揮不同的力量。如果主任做得好而晉升為科長，就需要擁有符合科長的能力。若還像任職主任時般，只知道埋頭苦幹，那就絕對無法成為一個好科長。

從科長開始就需要領導能力，不過韓國在全世界算得上是數一數二缺乏領導能力的國家。領導能力的核心修養是教養，以教養為基礎，得要能夠和大家逐一溝通，才能找到靈感的種子。然而就是因為他們不學習、不看書，導致公司變得有如地獄。所以工作不能只是為了公司埋頭苦幹，也得要多花心思在個人成長，才能走得更久。

四、沒有永遠存在的公司

五十年前市價總額位於前百大的集團之中，沒有幾家公司還留到現在，必須謹記狀況隨時都有可能改變。丟掉準備在一間公司服務終身的想法吧！不要太專注於枝微末節的工作，也要注意公司整體的營運情況，如果公司完突然在一夕間倒閉時，我們就連個埋怨的對象都沒有了。

但要是本身的能力出眾，即便公司倒了也還是不愁沒有工作的地方。舉例來說，你覺得梅西會擔心如果哪天ＦＣ巴塞隆納倒了，他就會沒工作了嗎？大不了去其他足球俱樂部就好。所以，問題是在於個人能力。入職之後如果每天只是應付工作，不好好培養基礎涵養跟主要業務的相關能力，當有天公司這艘大船擱淺的時候，就會連救身艇，甚至救身衣都沒有，只能和公司的命運相連、一起下沉。不論何時，學習就是人生的萬能鑰匙，努力學習能夠克服比想像中更多的問題。

最近年輕人在選擇工作的時候，除了年薪以外，也會將工作中是否有自我開發的學習機會，看作一個重要的條件。未來就業的保障率會越來越低，就和終身職場概念的消失如出一轍。以後只會將埋頭苦幹工作當成美德的人會越來越少，大家為了生存會絞盡腦汁。真心希望並祝福正在閱讀此篇文章的各位，能夠在這個競爭激烈的叢林中成為佼佼者，聰明地生存下來。

實力帶來的人脈才會成功

成功人士都交友廣闊，那麼如果能跟他們建立起關係，就會更有助於我們達成目的嗎？可以經由他們得到有利的機會，困難時也能尋求幫助。所以哪裡才能找到幫助我的隊友，以及為我牽線的可靠人脈呢？

建立彼此的人脈時要注意的一點是，實力比關係更加重要。在沒有實力的狀態，很難和搭上線的人維持關係。「先拿飲料後投錢的販賣機」並不存在，如果無法提供自身的優勢給他人，就很難與人交流。這種情況，比起人脈更應該去尋找老師或指導者，培養出自己的實力。因此，在充分累積實力之前，人脈並不能發揮效用。

在有實力的狀態下，才有可能形成真正有意義的連結網。我的理想人脈之核心概念是「寬鬆網絡的力量」。不管是在人際或是商務合作關係上，能創造新機會的大多都不是熟悉、親近的人，而是平時很少連絡的人。在YouTube上也是這樣，隨著頻道規模的發展，會認識更多的人，然後增加與他們嘗試新合作的機會。這歸功於我們居住的世界擁有複雜系統，才能做到這些事。

我想跟你們介紹一個最能真實呈現「實力」和「疏鬆的網絡力量」的例子。一個人無緣無故、不管三七二十一突然地跑到美國去，然後成為集團最高層的可能性有多少？幾乎等於零。韓國大邱縫紉工場裡的工人之女，最終成為了世界最厲害的名校約翰．霍普金斯醫學大學的教授，這其中到底得發生多少奇蹟呢？一起看看下面池娜英教授的故事。

池娜英教授想要成為精神科醫生，但是在韓國的應聘結果並不理想，於是她就一股腦兒地跑到美國去了。在美國參加了醫師考試，成績非常優異，甚至達到能夠在當地的升學補習班裡當講師半工半讀的程度。而其中的一個學生，就介紹了一位在哈佛醫學大學做研究的韓國內科教授給她認識。一開始池娜英教授因為這位醫生的科別與志願科別不同，婉拒了。不過因為申請資料需要一份推薦函，於是她後來還是去拜訪這位老師了。

話雖如此，但是那位老師也沒辦法幫她寫推薦函，不過恰好他還認識哈佛醫學大學的精神科教授，好不容易才幫她向教授要到了推薦函。同時申請了好幾間醫學院，不過只有一個地方提供了面試的機會。研究經驗和診療經歷都不足的她，除了在面試時展現了她的熱忱之外，還積極向面試官們反問了關於特定議題的意見。韓國有句話說：「比優秀更罕見的就是讓人印象深刻」，雖然英語不夠好、經驗也不多，不過最終她還是合格了。

雖然合格了，她卻沒有什麼事能做，她想去的精神科沒有位子，只能在沒有人的精神科相關科系工作。那個地方一週有一次腦部解剖的機會，她親眼見到了過去只靠理論和模型學過的疾病和症狀，並且每天晚上會去圖書館確認解剖時看到的東西，於是她將整個大腦結構都背了起來，三個月後重新回到精神科時，她成為了最瞭解人體大腦的人，不知不覺間，她就變成所有大學和醫院爭先搶後渴求的存在了。

池娜英教授的人生就像是連續不斷的偶然，實際上在人生中有極大的比例是沒有運氣幫助的，然而，難道要將所有的成都歸功於運氣嗎？如果她沒有在升學補習班幫助學生；或是如果那位學生就沒有認識韓國老師；又或者如果那位韓國老師，沒有將哈佛的精神科教授介紹給她的話，她還有機會申請美國的醫學院嗎？當她進入了非理想的精神相關系所，接下了解剖的工作後，如果沒有仔細研究大腦又會如何呢？三個月後她的立足之地，能發生這麼戲劇性的改變嗎？

改變了處境的是她受到認可的實力，而那是因為她沒有拒絕努力的機會、沒有因為在韓國得不到理想的醫師崗位就放棄學習；即便不是在自己理想的領域，也能主動發現並專心學習有所幫助的內容；為了補強自身不足的英語實力，有策略地溝通和表達自己等，都是使池娜英教授能累積實力，並獲得認可的祕訣。

池娜英教授戲劇性的人生背後有「實力」和「疏鬆的網絡」作為堅強的支架，她在所處之處幫助了許多人，即便這都不是她必須要做的義務。結果施予的小小的幫助，在不知道間，又都重新回到自己身上。另外，只要她有機會，就會全心專注累積自己的實力。

營業「讀書前輩」（공부선배）這個教育網站的李勇雲董事，在創業初期也有很長一段的時間沒能創造出收益。李勇雲董事畢業於首爾大學建築學系，第一個創業和他的科系有關，是「製作與提供暖氣系統」。韓國最高學府的學歷再加上擁有人脈，他相信自己一定會成功；他的指導教授在業界也擁有很大的影響力，所以他對於自己的專業領域相當有自信。

然而他現在承認當時活在象牙塔裡不知道外面世界的殘酷，自以為見過了領域裡的大風大浪，卻不知還有猛獸隱藏在市場之中。於是他學會謙虛以待，經過再三咀嚼痛苦的教訓，不斷反覆分析著時代，然後研究自己的策略，結果就製作出了現今的「讀書前輩」網站。

李勇雲董事透過網路販售那些無名補習班的課程，他原先想和既有的課程網站如「Mega Study」（메가스터디）和「Etoos」（이투스）等，販賣相似的線上課程。宗旨是好的，不過市場上的反應卻不冷不熱。補習班的講師們並不想在補習班以外的地方露臉，因為比起費用，更重要的是學生們得要去補習班聽課；另外就是線上課程的價格和實體課程相比低太多了，這對補習班講

師來說，太沒有效益。既然補習班方面沒有需要，這個工作也就無法強制進行。

二〇一五年底，李勇雲董事再次注意到的是時代的變化，學生的數量減少了，而補習班的數量卻太多。即便如此，學生和補習班之間的關係，卻跟數十年前沒什麼不一樣。以紙本為主流的文化，轉成以移動式裝置為主，但是補習班的行銷卻依然倚靠傳單，學生和學生家長們找不到自己需要的資訊，就會在現有的選擇之間隨波逐流。在這個問題上，他發現如果能減少補習班和學生之間的間隔，就能兩全其美了。

所以他決定去各個補習班，免費拍攝講義課程的樣品，用介紹的方式幫助各家補習班做網路行銷。以補習班的立場來說並沒有什麼損失，而其他補習班看到有人在做免費的宣傳，要不是反過來向他提出邀約，要不就是乾脆自己拍影片上傳到他的網站上。於是他的網站規模就開始漸漸擴大，不過問題是費用，創業資金都已經見底，好不容易向周圍拉到的投資金，也在不知不覺間消耗殆盡，是需要將這一切收入化的時候了。

要不要讓學生乾脆透過「讀書前輩」，支付補習班的費用呢？還是像外送平台軟體一樣，向補習班索要手續費呢？如果要通過軟體付費，是否要給打折優惠呢？他想了很多辦法，但是每一項都在現實中碰了壁。學生可以在補習班刷卡付費就好了，何必要通過陌生的網站結帳。補習班不喜歡這些方法，而學生則是不需要，所以他需要想想別的辦法。

他調查學生去補習班上課的模式發現，學生報名一次補習班，平均會去上十個月的課，而補習班最重要的是讓學生持續地去上課。對學生來說，補習班的學費越便宜越好，於是他想到解決的辦法了：「第一個月透過『讀書前輩』結帳，雖然不能打折，但是可以得到獎金優惠。」吸引了暴風般人氣的十五萬禮券回饋就是這麼誕生的，學生們自願成為宣傳大使則是附帶的贈品。

我們看了兩種成功的案例，一個是沒有任何人脈，孤身撲進靠實力競爭的激烈領域，但還能揚眉吐氣的成功故事（池娜英教授）；另一個是原本倚靠人脈網絡，卻失敗收場後，轉向完全不同的領域奮鬥努力，最終收穫成功的故事（李勇雲董事）。兩者的專業領域和性格完全不同，但是兩人的成功案例卻暗示著相同的教育意義。

以前只要擁有學歷和人脈，或許會很有優勢，但如果沒有集體利益，再怎麼努力，都有可能無法獲得成果，但是現在不同了。如果沒有實力，不論擁有怎麼樣的學歷和人脈都無法保證收穫的結果；相反地，只要有實力，以及能夠幫助你分享和發揮實力的無數個小網絡，就能夠獲得非常大的成功。

對待霸凌的三個方法

自己被他人折磨是令人束手無策的一種狀況，光是用想像的，都覺得快要喘不過氣。我把這種欺負別人的霸凌，定義為一種疾病，如果沒有施予適當的治療，很有可能會對未來的人生留下負面影響。每個人的周圍大概都有一、兩個霸凌者，所以要怎麼對付他們，才是高明的作法呢？

一、情感分離

霸凌者如果是職場上司或是同事，簡直苦不堪言。不能輕易辭職，但跟霸凌者一起工作又很痛苦，進退兩難。這種時候，有一個出乎意料的簡單解決辦法，就是情感分離。

我們總是以為問題的根源在外部，但是仔細想想，其實很多時候並非如此。霸凌的人的確是他人，不過回應折磨的是自己。所以不論受到什麼攻擊，只要自己不回應霸凌行為，那就等於沒有造成傷害。當然，這個方法並不適用於所有的情況，但如果對方只是個等閒之輩，這個方法會非常有效。

另外，霸凌者經常會從對方的反應得到更多快感，所以會變本加厲地欺負他人。將情感分離能成為切斷負面回饋的利刃，「無動於衷」就是阻斷霸凌快感的情緒阻隔劑。謹記，最能影響大腦和心理的人，就是自己，霸凌者的攻擊只能傳達到視網膜和耳膜。

二、審視自己

折磨是負面回饋之一。如果被惡意誣陷，或是明明沒錯卻莫名其妙被為難的情況，當然非常討人厭。不過此時也有必要換個角度思考，嘗試審視自己。

成長，必須要有意識地努力才能達成，而回饋就是有意識地努力的核心。雖然是負面的回饋，不過若用客觀的角度仔細觀察，或許能從其中發現自己隱藏的缺點，實際改善缺點後，折磨可能就會隨之消失。

如何設計人生的整體構圖非常重要。那就這樣想吧：那些折磨就是大便。一般會覺得大便很髒必須躲開，不過試著換個角度思考，下定決心把這些大便當作是人生成長的肥料吧！說不定，反而能把危機變成轉機也不一定。

三、主動出擊

不能一輩子只被人欺負，有的時候也得主動出擊。特別是發生職場霸凌時，就得設計階段性的計畫並加以實踐，拯救自己於水火。首先，千萬不能感情用事，得冷靜蒐集情報，並具體記錄霸凌者的舉動。這時若能得到其他同事的協助，事情就會更加順利，然後依照公司的處理流程舉報。要是即便如此，公司仍然沒有採取任何恰當的應對措施，或是處理過後狀況還是沒有改善，就得要慎重思考是否要離職了。

人生很長，而世界很廣，所以平常不斷累積實力，開發自我很重要。如果真的是有能力的人，當提出離職這張牌，公司很有可能會更加積極處理問題；不過即使具有很好的能力，但在反應過後公司依然不願採取任何處理措施，那還要期待這間公司能有什麼更好的未來嗎？果敢離職才是對的選擇。

在此得分享一個重要的資訊，針對上班族的問卷調查顯示，十個人裡就有七個都在考慮跳槽。意思就是，不論在哪裡工作都不簡單、難度不容小覷。所以結論就是——擁有多少能力，就能夠為自己帶來多少保護，不要停下努力開發自我的腳步。

朋友

比起一個人走在敞亮的地方，不如和朋友一起走在黑暗之中。

——海倫·凱勒

指正對方的愚蠢，是朋友該做的事情之一。

——J·R·R·托爾金

真正的朋友是能對你的失敗視而不見，並且對你的成功給予掌聲的人。

——韓國諺語

「高手」是什麼？

一、瞭解自己在市場上的價值

能充分瞭解價值的話，就能夠做出符合價值的協商。大部分的協商都不會成功，原因有二，要不是完全不瞭解其中的價值，就是不但充分瞭解價值，也充分理解沒價值的事實。

二、不會悲喜交加

不論今天做得好不好，明天的比賽都得照樣上場，並不是只有食物有保存期限，稱讚和指責也會在某個時刻失去影響力。所以不論是肉體還是精神，要保持一定的穩定，就是唯一的解答。

三、嚴格執行自我管理

維持自己的價值，然後進一步努力發展自我。當協商的時機來臨，若是準備妥當就會變成機會；反之，則會變成危機。所以需要嚴格執行自我管理，為無法預測的機會做準備。

四、會專注於「盡量」，將界線放在「至少」

不到特殊的情況，專業選手平時絕對不會拚死決戰，因為專業的人只參加聯賽，而不會淪落到淘汰賽。專業的姿態就是經常以基本功面對，所以平時開發自我真的很重要。

五、傾聽

沒有回饋會難以進步，反饋就像是汽車的後照鏡，可以看見自己無法看到的死角。所以如果有人主動提供反饋的話，就得要放低姿態傾聽才行。

六、不畏懼競爭

要是畏懼競爭，就不要加入戰局，專業選手的世界每天都在競爭。再次強調，不要太鑽牛角尖於短暫的壞結果，經歷過後就趕緊忘掉，這也是一種實力。

七、明確區分失誤和失敗

在競爭和挑戰中，總是避免不了失敗，可以透過失敗後的反省與反饋成長。然而失誤則是態度的問題，從反覆失誤的頻率，就能知道一個人面對事情的態度是否認真。

八、結果本位的思考

在不用非正當、不道德手段的前提下，只要合法或不超出正常範圍的話，都可盡量嘗試。世界上有兩種後悔：沒有嘗試過而後悔以及嘗試過而後悔，通常前者會比後者還要懊悔難忘。

九、瞭解脈絡

解答常隨情況而變，比如平行的組織文化不一定最好，需要快速決策時，縱向的垂直組織更佳。所以事情的整體脈絡更為重要，能夠領悟脈絡的瞬間，就能超越專業，躋身高手的世界。

十、專注於當下

專注不是有決心就能做到的，要取得事情難度和本身實力的平衡才會達成。所以專注的極限取決於自身的能力值，提升能力就能夠挑戰更困難的任務，也會更加專注，並且在過程中很有可能繼續提升實力。這是種良性循環，高手總是會為了進入良性循環，願意盡自己最大的努力。

慌張時不怯場的三種方法

除非是特定的職業，在人群前講話原本就不是家常便飯。不過人生中總會有一些時刻，必須要站在大眾面前說話，因為不習慣，便很容易感到慌張，而在精神不安的狀態下誰都可能會一不小心就說錯話。

我還記得進入公司之後，第一次站在部長和員工面前簡報的瞬間，語無倫次到甚至連自己都分不清楚，到底是在報告，還是在胡說八道。像這樣陷入恐慌狀態的時候，要怎麼做才能突破危機、好好說話呢？

一、不急著說

在極度緊張的狀態下，什麼都做不好。要是準備的內容在腦子裡變成一片空白，先什麼都別說，深呼吸，就算多花一點時間也沒關係。現在準備聽你說話的對象，既不是敵人也不是法官，即使失誤了，他們也不會介意。所以稍微花一點時間集中精神，完全不是問題。

經過短暫的時間，等心情安定下來，就能想起自己寫的簡報提示了。做報告的時候，要盡量依照提示進行，萬一中途又感到緊張的話，再暫時停下腳步調整呼吸。其實很多時候失誤並沒有想像中嚴重，不會造成大問題，甚至可能根本不會有人發現你中間有停下來調整呼吸。所以想不起來的時候不要硬說，深深地呼一口氣，然後盡量在腦中把報告內容好好整理一遍。

二、牢記關鍵字

前面說到的提示，就是指關鍵字。不習慣發表簡報的人，大多都會把所有內容一字不漏地背下來，透過不斷練習，自然能倒背如流；不過如果在簡報時發生突發狀況，或是節奏被突然打亂的話，就很難完美呈現準備好的內容了。比如有人提出意料外的問題，無法立刻回答，就會感到驚慌失措；而之前準備好的內容，則很有可能會瞬間全部忘得一乾二淨。

就算死記的東西都從記憶裡消失，只要手上還握有關鍵字提示，就一定可以扭轉手足無措的局面。要是有按照報告的順序記憶關鍵字，就不必把所有內容都背下來。就像即興的現場表演，只要保持邏輯正確，自由發揮就可以了。如果可以，上台報告前就練習針對關鍵字為主軸的問題對答吧！應該能有效改善慌張的問題。

三、有禮貌的反問對方

就像前面提及的，報告時精神最脆弱的時間點，就是收到出乎意料的問題時。但不需要因為無法回答而太過自責，因為提問的人其實也是因為不知道才發問，或許問題本身可能就是錯誤的。再者，不知道也不會被處以極刑，所以不需要為了始料未及的問題感到憂慮不安。

出現預料外的問題時，也可以這樣反問對方：「您現在問的內容是這樣嗎？」再度確認問題。這麼一來不但可以提高對問題的理解度，質詢者在重新提問的時候，也很可能會再把問題說得具體一些。甚至運氣好的話，質詢者在重述問題時就能自己理解了。萬一明明知道答案，卻因為太緊張而回答不出，也能鄭重向質詢者表示報告結束後再向他詳細說明，也是不錯的危機處理法。

貫穿這三種方法的概念，就是「從容」。在重要的簡報或是演講中，要表現得從容並非簡單的事，但是仍然期許各位能夠從容面對。直接了當地說，就是不要恐慌。再次強調，聽眾並不清楚簡報的內容，所以才會來聽報告，在這之中最清楚簡報內容的人，就是正在報告的你。就算有點偏離了預想，說話打結，聽眾也不太容易察覺。即便有失誤，馬上更正就好了，所以別恐慌，從容面對吧！

長期當酸民會毀掉人生

總是有一些人，喜歡無故嘲諷他人，特別是隨著社群媒體的發達，網路上不難看見他們的身影。現在打開頭條的新聞貼文查看底下留言，也能看見各種冷嘲熱諷的發言。誰都會無意間說出傷人的話，但要是養成習慣，人生就會慢慢被腐蝕。為何長期當酸民冷嘲熱諷會毀掉人生呢？

比起邏輯性的判斷，冷嘲熱諷的習慣大多是放任情緒去判斷某個現象。原本應該要先思考過才說的，反而張口就一股腦地吐出負面言論，之後為了辯解無意間的發言，就得不停地說著毫無邏輯的酸言酸語。如此就只能戴著有色眼鏡，無法客觀看待這個世界。也就是說，當冷嘲熱諷變成習慣，等於就是用最糟糕的態度生活，這種人生最適合用「成事不足，敗事有餘」來形容了。

諷刺和指責完全不同。指責是一種情緒的爆發，生氣時會對著某個人提出強烈責難，是很直接的，所以對方能立刻有所反應。然而諷刺卻不同，諷刺是在不逾矩的情況下，用負面的語氣若有似無地給聽者帶來煩躁和火氣。再加上又不如指責直白，對方也不方便回應，所以這一切最後累積起來，當聽者內心壓縮著的情緒瞬間爆發就會一發不可收拾。習慣說酸話的人，雖然不是刻意，也沒有意識到，但在人際關係中容易點燃不合的火種，造成情緒的火山爆發。

比起可以對人說酸話的原因，不可以的理由更多，誰都會有想要諷刺他人的衝動，而智慧的內力就是妥善抑制的關鍵。最近在社群網站上的酸民特別多，最大的原因在於他們有很多支持和認同者，所以會自以為論點正確，於是不斷反覆諷刺。看似得到民意的支持，但是回過神來會發現身邊只剩下同為用負面角度看世界的酸民了。在這樣的環境裡只能聽見扭曲的言論，長久下去就會變成理盲而濫情的人。

「有埋怨的地方就有機會。」

這是阿里巴巴的創始人馬雲，在首爾大學演講時說過的話。如果把埋怨變成諷刺，只會帶來霉運，然而若試著解決埋怨，就能在其中發現機會。你會想成為冷嘲熱諷的人嗎？還是想成為解決埋怨的人呢？

會被討厭的三個瞬間

「知人知面不知心」，想讀懂他人內心不是簡單的事。有可能一開始以為對方不錯，深入認識之後才發現其實不然；也可能對方外表不起眼，但隨著瞭解得越深，越是發掘個性真誠實在。會隨著情況和事件，改變對他人的印象和感覺。不過還是有一些特殊狀況，最典型的就是原本有好感，但是因為某些特定舉動，反而在瞬間讓人產生反感，這種情形只要小心就可以防範於未然。究竟什麼的樣狀況會讓人把好印象，在短時間翻轉成反感呢？

一、用謊圓謊

謊言不太會為人生帶來幫助，人生中不免有為了暫時擺脫危機或是出於擺脫困境的本能，情急之下說出沒有惡意的謊言。雖然有善意的謊言，但大多也只是一時的權宜之計。謊言就像是會破壞信任的病毒，不說為妙，一旦被對方發現說謊，幾乎就覆水難收了。這時最好的辦法就是承認錯誤，並且真心道歉。要是為了不被戳穿而又再說謊，就會進入惡性循環，尤其是圓謊的謊言，其嚴重程度不是只有雙倍而已。就算第一個謊是情有可原，或許還能被饒恕一次，但是第二次的謊，並不是情勢所迫，而是當事人有意為之，就會引人反感。一旦形成惡性循環的圈套就很難打斷，會影響他人對你的印象。所以如果說了謊，就要趕快認錯道歉，逢凶化吉之後，說不定還能夠救回一點信任。

二、不斷翻舊帳

沒有一輩子不犯錯的人，我們都是藉由犯錯學習和成長，所以不犯錯反而是完全沒有進步的表現。不過即便把錯誤看作是人生的一部分，但是被錯誤牽連的人，仍然會不高興，因此會責備犯錯的人，或是會生氣發火，這是非常正常且自然的反應。但問題是，對於已經發生的事情，非但不提出有建設性的建議，反而是發洩自己的情緒，重複表示對錯誤的不滿。過去的事情無法挽回，如果真心希望犯錯的人未來不要再重蹈覆轍，並不需要重複表達不滿，而是要給對方能夠預防再犯的客觀建議。甚至連這種建議，也只要說一、兩次就足夠了。把錯誤當作人家的弱點，不斷攻擊是最糟糕的。這樣對方不只是反感而已，心裡應該恨得牙癢癢了吧！

三、卸責搶功

根據問卷調查顯示，職場上最想離職的主要原因是，工作成果得不到應有的認可。在公司裡，很常以小組為單位，不容易客觀地判斷工作成果中個人的貢獻程度，再加上年功序列這種不合理的組織制度發展出的文化，造成很多無能的上司都以為，優異的工作成效都是歸功於自身的領導能力；而失敗的時候，反而認為都是因為員工們沒有好好工作，把失敗的原因轉嫁到部屬身上，這種情況並不少見。如果有這樣的上司，不只是反感而已，應該會演變成職場即地獄。反正以小組為單位，成功時得到最多實質報酬的，也會是組織體系中最高位的人。得到的利益越多，就應該要擔起更重的責任，這才是領導者。因此就算是領導能力出眾，有了成功的成果，也要把功勞獻給在職場第一線工作的員工們吧！這才是真正有氣度的領導風範。如果這種領導者變多了，韓國的職場就會充滿正向能量。

古羅馬人西賽羅曾說：「人都容易犯錯，但是只有傻子才會在錯誤上固執。」請記住，誰都有可能因為一時的失誤而被討厭，然而如果非但不反省，反而固執其中，人們就會把瞬間感受到的「感覺」變成對方的「性格」牢記在腦中。

堅持

成功的百分之八十，是得要先出席。

——伍迪·艾倫

就算很慢，只要能堅持，賽跑就會獲勝。

——伊索寓言

好的人品不會在一週或是一個月之內形成，而是每天一點一點累積，需要持續和堅持的努力。

——赫拉克利特

YouTube 打開的三個新世界

深陷失誤的典型問題

認真過活，實現目標

有效的三種話語架構

語錄：幸福

人生本就痛苦

經營事業的五項核心重點

不必聽的三種意見

成為贏過「甲方」的乙方

語錄：教育

YouTube 打開的三個新世界

「開啟新的世界」有很多人已經能感受到字面上的變化，但是卻只有少數能清楚瞭解為何會有此一說。世界從不同角度來說都在變化，不過媒體是改變最多的領域。

主流媒體是世界上最大的權力，但對照過去，就算說已經喪失一半以上的力量也不為過。以前只要被新聞報導出來，假的都能成真，現在則可以通過各種管道立刻確認真偽。掌權者改變了，世界也會隨之改變。其中可以肯定的是，YouTube 是最快改變世界的平台，那麼 YouTube 展現了什麼樣的世界呢？

一、「達人」即名人的世界

匠心，是人生中最優秀的品德之一，我認為因為有匠人，人類今日才得以如此蓬勃發展。然而在休閒嗜好領域的達人們其實也是匠人，但在過去的意識裡卻被當作是一群特異的人，不過現在不同了。他們透過 YouTube，讓大家知道為何活躍於特定領域，以及這又是如何支撐著自己的人生，於是很多人開始對達人們的故事和興趣感到著迷。

即使跟自己的生活天差地遠，也能透過別人的人生體驗新世界，獲得替代的滿足，比方說我最近很著迷於一個釣魚頻道。我很喜歡釣魚，但是並不想親自去釣，所以看著充滿熱忱的影片，心理就會感到滿滿喜悅。

要是想看真正成功的匠人，可以試著在 YouTube 上搜索「Pablo Cimadevila」，這是一位珠寶設計師，他的特別不需要我解釋，YouTube 會讓各位看到他有多特別。

二、守門員消失的世界

守門員（Gate keeper）現在依然存在於很多領域，特別是廣播電視，要是沒有通過守門員審查就無法播放。廣播電視是系統相當複雜的領域，誰都說不準怎麼樣的內容會受到大眾青睞。而 YouTube 上有一群以前被喜劇節目監製拒於門外的諧星，他們甩開守門員，靠自身的活動收獲數百萬粉絲，現在比大部分的電視諧星更有人氣。

在 YouTube 這個複雜系統中脫離了守門員的控制，韓國最成功的創作者之一，就是「常見的兄妹」。他們瞄準了幼兒的年齡層，製作符合孩童的影片，成為最頂尖的創作者。故事到這裡為止就很厲害了，然而他們的漫畫書還正席捲整個韓國出版界。世界就是這樣發生改變，而那些無法理解的人卻依然徘徊在過去，等著被守門員挑選。

三、誰都能做廣告的世界

為求銷量最重要的事情就是行銷，擁有再好的商品，如果沒辦法宣傳，那就跟不存在沒什麼兩樣。說不定還更糟糕，因為可能會陷入對好產品的高度自信和市場殘酷的冷淡反應間的矛盾對比中。

不過運用 YouTube 誰都能製作和經營廣告，如果想要將廣告發給擁有數百萬訂閱的頻道，現在已經漲到要支付數千萬韓元的費用了，可見 YouTube 的廣告殺傷力之大。YouTube 的使用方法也是五花八門，要是手頭寬裕的話，就像前述可以利用有影響力的網紅做廣告，也可以直接在 YouTube 上執行廣告。但若沒有錢的話，也可以找訂閱較少的創作者，用協商收入比例的方式合作，也不失為一個好辦法。

既有的廣告市場門檻太高，一般人根本無力踏足。不過現在幾乎可以無視門檻，新的時代已經來臨。YouTube 在短時間內，將商業的力學結構做了一百八十度的翻轉，那麼未來會如何呢？

雖然很難預測之後會由什麼事物主導，在何時出現什麼平台，不過打開新世界的新系統一定會再次出現眼前。

華特・佩特說過：「我們要做的事就是，永遠用年輕的好奇心去試驗新的想法，獲得新的人生。」想要抓住過去沒有的機會，要隨時保持年輕的好奇心去試驗新想法。雖然理所當然，但若自問：最近有新的想法，或是嘗試新的挑戰嗎？這應該不容易回答。光是實踐新事物就是一件很困難的事。所以首先請把好奇心叫醒，它會送各位一張進入新世界的門票。

深陷失誤的典型問題

一次的失誤可能是因為運氣不好，或是不小心的後果，然而一再反覆的錯誤就是實力問題。當慢性失誤演變成習慣則是最糟糕的情況了。失誤一旦習慣化，就是態度上的絕症，會比想像中更難以糾正。尤其是經常犯錯的人，更應該認真反省自己是不是有根本上的問題，而不是觀察環境、從外部尋找問題。只要改善以下的典型問題，就有望爬出錯誤的泥沼。

一、自以為沒錯

就是指沒有眼力、不會看臉色。以前職場上有一位經常失言的主管，雖然本性並非很糟糕，但很多同事都非常討厭他。他被討厭的主因是常常說出不好話，對別人造成傷害，本人卻渾然不知、完全沒有自覺。

下面的故事是完全還原的真實事件。有位同事的太太懷孕幾週後流產了，面對如此悲傷的事情，同事還是在公司表現如常。此時那位主管，卻做了以下的發言：「我真的是很好奇才問的，孩子流掉之後你心情怎麼樣啊？」就算是真的好奇才發問，但是聽到這句話讓我不禁生氣地心想，應該把主管痛打一頓，才不枉一場同事情誼。這種不斷犯下同樣錯誤的人，絕對不會覺得自己有錯，比方像這樣缺乏同理心的人，就很難爬出錯誤的泥淖。

二、沒有自知之明

這是因為後設認知太低造成的錯誤，什麼情況會犯下錯誤呢？最典型的就是喝酒時，明明應該要知道自己的酒量為何，卻還是有人過量飲酒、喝到不醒人事，然後送到醫院被打醒酒針。這就是所謂的匹夫之勇、意氣用事，飲酒後不只會犯錯，甚至釀成事故也大有人在。在自信之中只要混入一點不理性，就會變成自負，會做出一些超出能力的事。然而這並不叫做挑戰，不過是魯莽野蠻的行為而已。若要減少錯誤，只要瞭解兩件事就好，一是瞭解問題、二是瞭解自己。

三、不做檢查

錯誤與失敗的結果很相似，但是開始卻全然不同。失敗是有意識地挑戰後，所出現的結果；而錯誤通常是在無意識的情況下發生。要是認知上出現誤區，就容易出現錯誤。特別是當習慣化後，由於在下意識處理的比例增加，出現錯誤的機率就會相對提高。

所以想減少犯錯，要有意識地行動，然而生活不可能時刻繃緊著神經，就算可以，也太過耗費心理能量。雖然看似陷入令人進退兩難的窘境，不過其實這個問題有解決的辦法，就是列清單。在完成工作後，對照清單檢查是否確實完成。這是一個簡單的方法，效果卻不容小覷。這樣幾乎就能過濾掉百分之九十以上的失誤，要再提高這個數值，只需再檢查一次，幾乎沒有任何失誤能夠逃過兩次、甚至三次的檢查。

態度認真的人相對比較少犯錯。經常失敗沒有關係，因為那是主動實踐後的結果，就算沒有達成目的，也會留下經驗；但是錯誤不一樣，就算不斷重複也無法累積任何經驗，反而只會增加他人對自己的負面印象。

人生比以為的還要短，光是必須做和想做的事，實踐的時間就已經不夠用了。我們要認真看待珍貴的人生，不要在錯誤上面消耗時間，更不要一再重複犯錯而浪費時間。再強調一次，誰都會犯錯，但是因為態度不認真所導致的失誤，並不會有任何正向的意義。

認真過活，實現目標

人們都誤以為我的頻道只會有很多偉大的人，但實際上也有大學生、家庭主婦或上班族等，他們現身說法分享平凡生活中隱藏的光點。人們雖然對於他人的成就十分好奇，卻並不覺得自己也能成為故事主角。然而，平凡人其實也能實現目標。

想像孤身一人在沙漠中待上好幾天，周圍只有沙子，很快就會走到筋疲力竭。但是如果在前方幾百公尺處發現了一塊綠洲會如何呢？自然就會朝綠洲奔去，因為眼前出現鮮明的目的地。成功的人就是在發現、抵達目的地之前，不會停下腳步的那群人。投資客兼企業家的「連君」金在洙說過，只要能發現這個目的地，誰都能成功。

要如何發現、朝著目的地前進呢？首先得要挖掘自己的優勢。很多人都想從過去找尋優勢，然而若僅靠回想挖掘，那這個優勢可能並不可靠，而且現在也未必能適用。所以要怎麼找到自己的優勢呢？

「連君」的建議是撰寫主題性文章，假設寫了一篇「讓鹹酥雞攤位大賣的方法」，對此感興趣的人就會來閱讀文章。會收到像是「這我不能同意」或「這個不錯」之類的回饋，後續就可以客觀判斷了。如果在某個主題收到十個人、二十個人覺得還不錯的回饋，在這個主題方面就有優勢。發現這點，就是第一個轉捩點。

我經營購物商城和YouTube的策略就與此相似，但標準是「二十個」。試賣二十個商品當樣本，如果反應平淡就會果斷放棄。而在頻道裡則是上傳二十則影片，如果沒有好評也會放棄。我並不覺得自己特別有優勢，而是先施行實際檢驗，收集到能成功的證據才經營該主題的頻道。其實現在「新師任堂」（신사임당，作者朱彥奎的頻道）已經是第七個頻道了。

雖然大家希望人生能有所進展，卻不知道要做什麼。這是因為不知道什麼才是重要或需要的東西。現在立刻整理思緒，未來的路就會清晰許多，自我成長的講師福住煥介紹一個不錯的方法，就是把腦子裡的複雜想法整理到A4紙上。

將一張A4紙對折五到六次，打開攤平後就會有很多格子，在每個小格上寫下腦中的想法（光是將它們寫下來，壓力就會變少了）。文字化後，能一眼分辨重要和不重要的事。不重要的事項要果斷打叉，而剩下的則依照重要程度標出順序，假設有十個事項，就親自做一到三號，而四到六號就委託他人完成吧。

重點是要持續處理真正重要的事情，並且不斷確認對自己重要之物為何。有錢人的做事方法：想得簡單、說得簡單，然後行動要快。他們會把複雜的變數單純化，然後專心於可控的事情上。用有效率的做事法爭取時間投資在行動之上，行動則會讓有錢人變得更富有。

雖然想要卻無法成為有錢人的原因是什麼呢？房地產投資客兼企業家的「宋事務長」宋熙昌回答：「是因為看不起走這條路的人。」世界上沒有成為有錢人的補習班，沒有任何機構真正在教關於錢、貸款、創業跟投資的方法。正因如此，平凡人並不相信自己能成為富翁。

一開始宋熙昌對同事說「我會找到不工作就能月賺三百萬韓元的方法」時，得到對方一句「哪裡有這種事。打起精神來！」的冷淡回答。這是因為身邊沒有不工作就賺錢的例子，即便是 YouTube 上有前例而試著嘗試，但是如果沒比預期賺得快，就會立刻放棄。

在得到成果之前要有所覺悟，保守估計至少會經過兩到三年的掙扎期。宋熙昌建議，要想成為富人就得像他們一樣思考跟行動，並和富人多見面。為了成功，必須具有富人的想法和心態，沿著成功人士留下的腳印走，就能得到一樣的結果。

我的座右銘是「千里始於足下」，就算是意志力薄弱的人，如果也能踏出一小步，接著再踏一步，不斷重複這個方法，就能行上千里路。只要設定目標，在將目標分成符合自身意志力的小區塊，任誰都能實現目標。一天天認真、堅持地實行就可以了。

頻道的受訪者各自擁有不同的專業，但是他們都日復一日堅持在自己的領域，朝著目標前進。當然也不是從頭就一帆風順，因為嘗試過錯誤和失敗，才更加清楚前進的方向和方法。這些受訪者都很瞭解自己，也很清楚應該如何接上世界的軌道。

世界灌輸了我們「紅海」、「季末」、「失敗」這類字眼，比起成功的人，更常聽到關於失敗的故事。雖然成功的人比較少，但少並不是沒有。

棒球賽沒有暫停，就算九局末兩人出局，只要還有打者在場上比賽就得繼續，在三人出局前都不算結束。人生也一樣，只要自己不放棄就能不斷嘗試。最平凡的人也能夠有一番不平凡的成就。就像在這瞬間，也有人在滿壘全壘打的機會下逆轉勝，你也能夠做得到。

有效的三種話語架構

由於社群媒體的發達，說過的話能以文字和影片擴散到全世界。一句話就能掀起經濟文化上的波瀾，那要怎麼引發效果呢？其實話語並不容易獲得即時效果，所以比起內容，建立適當的架構更重要。只要活用以下的架構，不但不會有任何損失，如果運氣好，甚至還能有巨大成果。

一、權威效果

權威效果的力量十分強大，兒時跟朋友們爭論不休的時候，若被問到證據為何，經常會回說「電視上看到的！」現在這種說法已經少了很多，不過以前的大眾媒體擁有非常強大的權威效果。大家不斷努力念書的目的之一，就是為了擁有權威效果。近幾年因為網路發達，任誰都能在谷歌（Google）瀏覽論文，說不定還能有幸在社群媒體上與權威人士聯繫。與網路紅人唇槍舌戰、發表意見主張時，只要拿出有名研究室的實驗結果為證據背書，結果就顯而易見了。如果能讀懂英文，還能找到更多已被證實的資料，尊稱一聲「谷歌大神」也不為過。

然而現實卻是淒慘的，社群媒體上毫無根據的謠言滿天飛，不知不覺間，假的還會被說成真的。不過這句話同時也意味著，要是邏輯有真實的資訊為基礎，便能獲得很大的競爭力。

二、說話時不要以「自己」為重心

世界上的人各自生活在不同的背景，擁有各自的想法，但是大家都有一個共通點：最在意的人就是自己。即便身處嘈雜混亂的市場裡，要是有人突然呼叫自己的名字，也能立刻聽見。由此可見，在意識和潛意識之中就是如此「自愛」。所以在對話時，談話內容要能包括對方，談論關於「我們的」興趣和焦點，而不是「我的」。

然而大部分的人聊天時，都把自己放在對話的中心，為了要滿足自己的興趣、得到想要的結果，不斷以「我」的觀點說話。當然若在協商時，必須得到我想要的結果，才能創造出成果。但大局當前還是著重在互惠互利吧！如果對話的重心是我們，就算立場不同也可以大幅減少磨擦。

三、先尋找初步的共識

很多人都想快點得到結論，但是通往結論的路越急就會越遙遠。當需要以對話得到結論時，先從對方會輕易接受、較小的地方開始說起，再一點一點說到重點，這才是最有效的方法。第一次通常很困難，但是第二次就會容易許多，所以一開始甚至可以從跟重點結論都無關的內容開始聊起，也是一個非常好的策略。以極低的門檻、誰都會認同的主題當開頭，先形成最初的共識。如果說直搗主題的失敗率是百分之九十，形成共識就等於失敗率已經降至百分之八十了。

在就讀研究所時，我經常要向其他研究所借用設備，但要是沒頭沒腦直接跑去借設備的話，大家應該不會理你。所以要去新的研究所拜訪時，為了化解尷尬的氛圍，我總會買一點韓國的零食帶去。還有什麼世界共同的語言會比零食更有用呢？在開口借用設備之前，大家吃著零食、一起抱怨研究所生活，或是研究人員的辛苦等等，開啟對話之後，就容易與對方變熟了。熟識的朋友間，除了借用設備之外，還經常會互相傳授使用設備的小技巧。如此結交的朋友，甚至在沒有指導教授介入的情況下，學生們就已經開始互相合作、實行共同研究，最後再各自報告結果給指導教授，這就是最佳的共筆論文雙贏事蹟了。

無論如何盡全力很重要，但並非不分青紅皂白的付出努力，而是要先建立有效的策略。一定要記得，設下符合情況的架構，就會成為最棒的策略。

幸福

當你的思想、言語與行動融為一體時，幸福才會出現。

——聖雄甘地

對大部分的人來說，他們認定自己有多幸福，就有多幸福。

——亞伯拉罕・林肯

幸福的資質無法被擁有，不過可以從感謝所擁有的東西中獲得。

——伍迪・艾倫

人生本就痛苦

痛苦的定義是身體或心理上的折磨和疼痛，我們每一天都活在痛苦之中，只是程度上的差異而已。沒有痛苦的人生固然很好，但是這是不可能的。痛苦會在何時出現呢？在此用簡單的公式就可以表示了。

期待值－現實＝痛苦的原因

有想要的東西或是期待的事情，如果現實無法滿足這些條件就會產生落差，落差的程度就會成為痛苦的潛在原因。比方說，大學志願是排名前面的學校，但是成績卻只有中間程度的話，這其中的差距就會變成痛苦。通常期待都會比現實大，所以中間的差距一定會大於零。

但差距也有為負數的狀況，就是沒有痛苦的社群媒體。現實是痛苦沒錯，但是在社群媒體上卻可以營造比現實生活中，更美、更帥、更華麗的人生。看著別人在上傳的照片和影片按「讚」，心情就會變好，雖然這些都只是假象。社群媒體上的「現實」超乎期待，痛苦的原因就會小於零，此時腦部會分泌快樂激素多巴胺，而不是感到痛苦，社群媒體能擁有巨大商機的原因正由此而來。心情之所以在社群媒體上會變好，是因為能夠隱藏和扭曲我們在現實中不想為人所見的部分。（但也不是所有人都如此使用社群媒體，當然也有人是以聯絡和記錄為目的妥善使用。）

雖然此過程能讓心情瞬間轉好，但是長此以往絕對不是好事。假的人生無法永久持續，就算固定上傳近況、持續沉浸在多巴胺成癮的狀態，一旦大家不再按「讚」，思想和現實的落差馬上就會出現。最後不但痛苦的原因會大於零，還會因習慣逃避痛苦，當面對一般的困境時更會倍感痛苦。實際上有研究結果證實，社群成癮的人更可能罹患憂鬱症相關的心理疾病。

要怎麼做才能減少痛苦呢？只要把現實提升到期待值就可以了。將能力提高到符合自己期待的程度，落差消失、痛苦也會隨之消散。但是真的做到了痛苦就會完全消失嗎？很遺憾地，並不會。如果根據前述公式，當期待值與現實落差消失的瞬間，痛苦的原因應當歸零，那為何無法根除痛苦呢？這是因為人生下一個期待值級距，也就是目標（夢想）會馬上出現的關係。

夢想是高於自己能力的事，目標也是還沒達成的事情，想要實現它們的話，就得要不斷努力，而過程絕對不會輕而易舉，所以痛苦當然隨之而至。想像自己拚盡了全力，也很好運地實現目標了，在那個瞬間一定會非常的幸福，但下一步是什麼呢？

這些人就算在努力之下獲得財富或是達成目標，他們多半要不是又再度踏上新目標的征途，就是開始著手挑戰更艱辛的任務。可能連自己都無法理解，明明過程中的痛苦歷歷在目，為什麼還要再自找苦吃呢？這是因為如果不再尋找新的目標，就會變成沒有夢想的人生了。

仔細思考，夢想和目標在人生中佔有多少比例，雖然因人而異，但是即便說佔了最大的比例也不會有異議。因此就算達成目標弭平期待值和現實的落差，也會再次出現新的夢想、再次踏進痛苦之中。所以人生本就痛苦。

最後可推出一個公式，「夢想（目標）＝人生＝痛苦」。夢想和目標本身就會成為痛苦。因此感到疼痛的話怎麼辦呢？為了克服疼痛，我們無論如何都會努力。有夢想這件事，其實意外地是一件很痛苦的事，而這個有生產力、有建設性的疼痛，最終會成為生命的動力。痛苦竟然能成為人生的動力，這不是一件很驚人的事嗎？

在追逐目標或是夢想時，會感到痛苦是當然的。但如果能對人生本就痛苦有足夠認知，就能減少一些疼痛。因為如此一來，就會只剩下本質上的疼痛，而其他疼痛則會消失。

但其實痛苦也能用其他方式說明，若把韓文「苦痛」（고통）的漢字，換成「很高的高」加上「通過的通」，就是「向高處走去」的意思。要是現在感受到的苦痛，是為了實現夢想和目標的痛苦，希望各位能拍拍自己的肩膀、安慰自己。今日的痛苦，表示正在通往更高境界的路上。

經營事業的五項核心重點

我發自真心推薦大家能夠嘗試發展自己的事業，因為事業本身就是一個能夠測驗自身所擁有能力的考試。所以不論規模大小，如果能嘗試自力經營看看就太好了。

如果想要好好經營事業就得要知道很多事，但是也有非常多事情必須要親身經歷過才能領悟，所以要等學齊所有才開始其實很困難。即便如此，為了長遠的未來，希望你們一定要知道以下五項核心重點，為了能更簡單地說明，以假設要開一間紅豆餅店為例。

首先，創業最重要的就是錢。創業是為了賺錢，但是矛盾的是，得要先充分準備資金才能開始經營事業。籌備創業必需的資本是最基礎的根基，不過對此深思熟慮過的人，似乎卻不如想像中的多。

那麼為了開一間紅豆餅店，需要多少錢呢？如果是打算在小貨車上放設備做生意，那就需要小貨車、製作紅豆餅的用具，以及食材，到這裡為止，是誰都能想得到的常識。不過要再進一步考慮的話，就是在生意不好時，能維持生活的費用。萬一沒設想到這點，在生意做起來之前，就會出現因為生計壓迫而撐不下去的情況。

在創業資本中最重要的就是，在事業失敗時，損失的錢會對自己造成什麼影響。客觀來說，創業大部分都會失敗，如果盲目抱持著一定會成功的莫名自信，漫無計畫籌錢、創業，不但創業會失敗，人生也會跟著一起完蛋。所以在籌措資金的時候，也得要先考慮到最壞的情況。

第二項是商業模式（Business model）。在紅豆餅店，紅豆餅才是商品，商業模式不是。大部分的人因為沒有好好瞭解商業模式，就會誤以為只要做好商品，等商品成長後就能建立商業模式。商業模式就是要設計賺錢的系統。以紅豆餅店來說就是要計畫好：要從幾點開始營業、紅豆餅種類有幾種、營業中是否要移動位置、除了紅豆餅要不要同時販售其他商品、材料要怎麼備齊等等，從產品製作的過程、銷售販賣到收益化為止，全部都需要具體的設計。

能為商業模式提供最卓越建議的是白種元董事。經營餐廳的人，即使料理做得很好卻依然容易失敗，就是因為沒有具體的商業模式。白種元董事舉了拉麵店的例子說明，建議經營拉麵店得從最基本之處開始檢查。假設店裡有普通拉麵（A），起司拉麵（B）和年糕拉麵（C）三種，客人的點單是ABCBBCAA這樣的順序，拉麵老闆是否能及時煮好並販賣料理。如果能理解這點，就會知道白種元董事的中式餐廳為什麼放棄了外賣，又為什麼設立自助吧了。這所有的東西都顯示了商業模式的設計，越是具體就越有幫助。如果一開始做錯了，中間藉由反饋加以修正就可以了。

接下來就是創建期的具體展現了，是指準備好所有東西的過程，資金和商業資本互相平衡並加以實踐。以紅豆餅店的情況，就是指購入小貨車和製作紅豆餅的用品，到實際能夠製作出紅豆餅販賣為止，所有階段的具體呈現。這時候如果能最佳化過程，減少不必要的步驟和無意義的花費，就可以提高營業收益。

過程具體展現後，會出現很多和想像有出入的地方，當然費用也會跟著增加，所以一開始在籌措資金的時候，重要的是準備的金額要比原本預估的更加充裕。不然就會因為錢不夠用，讓所有的準備工作付之一炬。

另外如果在創建期階段控制得宜，販售的商品就可以開出比市場更低廉、更誘人的價格，接著還能思考發展連鎖店這種更大的藍圖了。

到這裡為止，所有的基本準備就結束了，後面是賺錢的實戰環節，稱之為經營。經營要能夠持續才行。經營的核心是人，如果現在是一人生意，或許不用擔心領導能力的問題；但是只要一生病或是無法工作時，就只能停止營業了，因此必須要找一個候補的人。

就算只雇用一名工讀生，也需要瞭解領導能力的重要。花費金錢僱用員工，但員工未必適任，創業之後才會真切體認到人才的可貴。

好好維持事業的經營很重要，但能夠應對不可預測的狀況更重要。生意失敗通常會伴隨著一些預料之外的噩耗，然而只要不是慘澹收攤，隨處都還有轉機。比如說，誰知道會爆發出新冠肺炎呢？沒有準備的各家企業，要不是受到劇烈的打擊，就是解散退場；但是能快速應對的人，很多反而趁此時擴展事業版圖。所以在事業穩定時，就得模擬最糟糕的情況、趁早做打算，這對長期經營來說非常重要。

最後則是創業的錦上添花——行銷。如果資本、商業模式、創建期到經營，通通都做好了，那就會有銷量，而行銷就是將成果轉變為成功的過程。行銷做得好就能事半功倍，所有努力都會讓銷量倍數成長。但要先準備好前面的四個核心重點，行銷才能為營業帶來畫龍點睛的效果。

首先要知道，行銷是一場賭局（Betting），簡單來說，就是花錢也不會有任何保障。就算投入一億韓元，顧客和市場也可能完全沒有反應。所以籌備資金的時候，要認真考慮是否要準備行銷費用，並想清楚當行銷失敗時自己能夠承受的具體費用。

建立商業模式的時候，當然也要考慮到行銷。一樣是賣紅豆餅，在店裡賣和在小卡車上賣，可能會需要完全不一樣的行銷策略。如果是在小卡車上賣，要盡可能找人多的地方營業，這就是行銷策略。

得要準備好創建經費和經營，才能在行銷開花結果的時候，將收益最大化。當買紅豆餅的隊伍在店前排了五十公尺，一分鐘製作一個紅豆餅，和一分鐘製作兩個紅豆餅，銷售量會有多大的差異呢？人人都想要機會，但是真正準備好的人卻不多，這就是現實。

如果要提供關於行銷的建議，我建議不要一次投入大筆費用，先支出小筆金額，確認有效後，再額外追加金額比較好。最近因為社群媒體的發達，有很多方法可以先利用小筆的費用檢驗行銷的效果。

做生意本來就很複雜，除了要不停學習和思考之外，同時也得要實際嘗試過後，才能深入瞭解更多事情。即便如此，認真思考上面提到的五項核心重點，就不容易漏失任何細節。創業的過程中，除了投身其中的專注經驗是送給自己的禮物之外；以社會的角度來說，創造工作機會也是對社會的高價值貢獻。正因如此，雖然這是一件非常困難的事，我仍然希望大家能夠挑戰創業，並且一定要成功。

不必聽的三種意見

人會為了治病而吃藥，但是如果亂服藥，反而副作用會更嚴重。為了找到與自己病況相符的藥，會向專家也就是醫生拿處方箋，然後找藥劑師買藥。而建議和藥單很像，是對糟糕情況的處方，對症下藥會有很大的幫助；但要是聽了錯誤的建議，付諸行動之後，反而會更加惡化。下面提到的幾種建議有極大機率會讓事態急速惡化，千萬不能隨便聽信。

一、狀況外的建議

首先，需要建議的時候，就意味著現在的情況出現了問題。而任何的問題，都絕對不單純，都有各自的來龍去脈，並且還跟周圍的狀況有所關聯。所以如果想要為某個問題提出建議，就得先清楚瞭解問題的前因後果。

然而卻有許多人只看了局部的問題而不是全貌，就給出建議。我最常收到的諮詢之一，就是關於未來的前途發展。我聽到與此相關的煩惱時，首先會詢問對方雙親的經濟狀況，因為隨著家中的經濟情況不同，會有非常大的選項範圍差異。如果有殷實的家境為後盾，就可以選擇比較有風險的路；但如果是現在就得要撫養雙親，那麼選擇的範圍當然會變小。

像這樣一個問題隨時都和多種狀況複雜交纏在一起，所以狀況外的人給出的建議，能幫上忙的機率幾乎為零。很多時候當事人因為後設認知太低，連自己都沒能發現自身的問題。請謹記，通常只要能好好瞭解問題，解決辦法就會自動浮現。

二、盲目正向的建議

最壞的建議之二，就是以盲目正向為出發點，告訴對方完全不用擔心的建議。其實這不是建議，只是安慰，但是提議時說不出任何具體辦法、只著重於心理和精神上的人，卻比想像中還要多。「即使在辛苦的情況下也要保持正向積極的態度」，這不是建議而是普通常識。好的建議要能夠冷靜客觀地瞭解狀況，特別是具體說明失敗成本的部分，因當事人會感情用事而難以計算，好好釐清會對情況有很大的幫助；相反地，如果純粹把失敗當成是晦氣且負面的事情避而不談，這種建議即使不聽也無所謂。

三、毫無根據的建議

建議是一種主張，好的主張背後需要扎實堅固的證據支持。聽建議的人絕對不能無條件照單全收，如果有人給出某種建議，一定要慎重詢問對方理由。

以下是我大學時的真人真事。這是我當年結束一年的美國交換學生回國後，而學弟卻是申請了好幾輪美國交換學生卻全都落榜的故事。我建議灰心喪志的他再申請一次丹麥或瑞典的學校，因為一般交換學生都會想要去英語系國家念書，所以總是以美國為志願，但是我的想法卻不同。雖然美國的確有很好的讀書環境，但是歐洲的先進國家也擁有不輸美國的良好環境。就算從學習語言的角度出發，很多北歐人英語也說得很好，特別是在大學裡用英語上課也完全不成問題。那些交換學生名額乏人問津的瑞典和丹麥大學，甚至世界排名大多都比競爭激烈的美國大學還要前面。這是因為我們對歐洲的認知相對不足所發生的怪異現象。

最後學弟去丹麥當交換學生，回來後他說這是人生中最棒的經驗，並且對我表達感謝。之後還聽說，因為交換的那間丹麥大學，大部分都是口試，所以英語口說大幅進步。如果再一次回到大學申請交換學生，我會回問那些說當然要去美國的人：「為什麼呢？」

考研究所的時候，我就沒有再犯這樣的錯誤了。雖然也收到了美國知名學校的錄取通知，但是新加坡國立大學也開出很好的就學條件。幾位教授說去新加坡是荒謬無稽之談，建議一定得要去美國，但是這些建議背後卻沒有任何證據可言，只是他們淺薄的經驗和想法而已。所以我直接造訪新加坡國立大學，並與教授們談話，以及參觀研究設施。得到當地非常有公信力的指導教授建議，最終選擇在新加坡就讀、取得了博士學位。拒絕沒有依據的建議，見到最優秀的指導教授，並且在最棒的研究環境中接受無懈可擊的出色教育，我至今依然對當時的選擇感到驕傲。

如果想從二十幾歲就收到好的建議，得要持續努力。雖然不是每次都能獲得好的答案，但是在為此努力的過程中，事情就已經會往好的方向改變了。實際上在得到出色的建議時，會為人生帶來難以言喻的劇烈影響。

能提出有用建議的人，給出的答案一定是和前述的三個特徵完全相反。令我印象深刻的是，有很多人會在給建議的過程中開誠佈公地揭露自己。在此我想分享一個人生中所收到的最棒建議，為這篇文章作結。

二十多歲時很幸運地得到了一個機會，能和知名大企業副社長對話。我想副社長在經濟和社會上收穫頗豐，關於人生應該會有很清楚的解答，但在對談間卻聽他很自然地說到，「我已經年過六十了，還是不知道人生應該是怎麼樣的。」可能是因為親耳聽到一位在他人眼裡看似無所不知的成功人士說出這段話，我當時真的很有共鳴。

聽了這段話，我經過反覆沉思，得到深刻的領悟、做出結論：單靠賺很多的錢或是爬到很高的職位，並不會得到人生的解答。然而卻可以通過不斷努力去探求和實踐，找到屬於自己人生的解答。這不是一個直接的建議，而是經過對話獲得的間接建議，但卻幫助當時年輕的我，建立堅定不移的價值觀，實為一個巨大的建議呀！

成為贏過「甲方」的乙方

最讓人憤怒的新聞之一就是以權謀私的「甲質」（在韓國指高社經地位者（在此借用擁有合約主導權的甲方）用權力地位欺壓弱者的行為）相關新聞。我們大部分的人，一輩子都只能是「乙方」，所以看見有人無視結構上的限制，做出不合理、以權謀私的行為，就會燃起滿腔怒火。難不成乙方就得一輩子都看甲方的臉色，無法躲過屈居下風的宿命嗎？難道沒有辦法能夠掙脫枷鎖嗎？可以的，雖然或許很難，不過也絕非不可能。我這輩子見過很多「超級乙方」，他們都是如何成為不屈服於甲方的強勢乙方呢？

若想成為「超級乙方」，首先要瞭解甲方的屬性。隨著情況和事件脈絡的不同，甲方的角色可能會有所改變，不過還是有不變的本質，就是甲方通常都手握重權，其中大部分的力量來自於金錢。所以說到「甲質」，總會很容易聯想到大企業董事長的形象。但是在餐廳或是平常的生活中，其實也有很多市井小民仗著身為付錢的一方，做出甲質行為。所以如果要把甲方本質單純地概略化，應該可以用最終消費者（購買者）或是雇主來表示。那麼他們想要的是什麼呢？在仔細瞭解他們的需求後，展開乙方的反擊吧！

如果他們是最終消費者，當我們擁有最好的產品和服務時，就可以成為超級乙方了。當所有人都爭相搶購時，消費者們就得為有限的供給競爭。我曾聽聞過一件令人非常震驚的事情，據說在跑車市場中並不是有錢就能買到任一款車。有些品牌會週期性推出限量版跑車，如果想要買到這台車，端視消費者平時是否有定期頻繁購買同品牌的車，或是經常公開表示對品牌的忠誠，才能有機會搶得買車的資格，不是單純有錢就可以買到。所以為了買到限量版跑車，很多顧客就算沒有需要，還是會定期花費上億韓元買車。

有名的美食餐廳也是一樣，因為沒有比自家更美味的店了，所以有許多餐廳都不怕沒人上門也不開放預約；相對地，世界級有名的餐廳還得從一年前開始訂位，如果不趁早預約，那就完全沒辦法吃到他們的餐點。這就是提供最頂級服務和產品的「超級乙方」所擁有的威力。

甲方是雇主的情況也一樣。我們公司是行銷和企劃活動的中小型企業，因為有時的角色是承包商的承包方，此時不只是乙方而是「丙方」。但是也絕對無法容忍甲質行為，只要付費的雇主一旦在我們的行銷上做出甲質行為，就不會再提供第二次服務。如果情節重大，甚至不惜在合約期間賠償違約金也要和對方解約。怎麼會演變成這樣呢？因為確信沒有人比我們更真心地為顧客著想，同時在知識內容相關的社群媒體行銷方面，也沒有人做得比我們更好。尤其如果換算每單位訂閱者的行銷費用，性價比方面其他公司完全望塵莫及。所以當員工要和顧客方開會的時候，我們還會開玩笑說，如果對方膽敢做出甲質行為，就好好讓他們看看「乙質」是什麼。

如果能力非常出眾，就算是受雇者也沒有必要被甲方操弄。最近ＩＴ相關產業，就是說明這種狀況的很好例子。現在的現實狀況是，在數據分析和人工智能相關領域的頂尖高手們，就算雇主願意揹著他們走，都很難請到他們。

這些或許是看似理所當然的事，實力就是真正的解答。然而有很多人雖然實力超群，卻依然被甲方牽著鼻子走，尤其是像大韓民國這種非常罕見協商概念的國家，就算自己本身極具能力，卻還是任人搓圓捏扁。所以趁此機會，希望大家一定要想一想自己有沒有受到符合實力的待遇；同時反省，平時有沒有仗著自己是消費者的身分，做出甲質的行為舉止。

教育

教育在盛世中是裝飾品，而在逆境中是避風港。

——亞里斯多德

教育最偉大的目標不是知識，而是行動。

——赫伯特．史賓賽

教育的根很苦，而果實卻很甜。

——亞里斯多德

結語

不簡單的人生需要振翅向前。不管願不願意，只能正面挑戰新的狀況，就業、離職，甚至是推進事業、新的邂逅、接觸突發事件，就是我們的人生。每次遭遇新戰場，就好比雛鳥初次展翅，離開平靜安穩的鳥巢，往前飛行。當然一定會感到害怕、恐懼，然而從初次的小小振翅開始，終究會獲得在人生中翱翔的自由。失敗了也沒關係，只要能堅持本書的人生第一守則，最後一定能飛到想去的地方。

或許難以置信，實際上在人類所居住的複雜系統中，蝴蝶振翅就可能造成颱風。同樣不可思議地，親身經歷的結果和間接聽聞的故事，都可能得出相同的結論——就算是巨大的成果也是由一次次的振翅輕拍開始。無論是因為什麼理由，造成你現在有氣無力、意志消沉，最好立刻穿起運動鞋出去跑步，跑步很累的話走路也可以；就算什麼都不想做，至少讀一頁書並加以思考，如果連一頁都嫌太累的話，就看一行也沒關係。現在的你所需要的僅僅是一個非常微小、有如振翅般的開始。

身為作者，對讀者們的期望之一就是，希望能去實踐書中所分享的內容。不需要是很偉大的壯舉，挑一項說話術實行也好；為了提高集中力，練習完全切斷雜音也好；夢想著創業就研究創業核心重點，然後在筆記本上具體寫下自己的想法，也是一個好辦法；如果瞭解為何會容易疏忽家人，就從一句害羞的謝謝開始表達，甚至是一個大大的擁抱。只做一次也好，真心拜託本書的讀者們，嘗試真正揮動一下翅膀吧！

如果可以早知道，你的人生就不會跌倒！

韓國百萬流量頻道主，針對網友糾結最多難題，教你在無法逃避的人際、理財、工作、心靈等人生戰場先知先贏

原書名 인생은 실전이다
作者 申榮俊（신영준），朱彥奎（주언규）
譯者 金鍾和

總編輯 王秀婷
責任編輯 吳欣怡
版權 徐昉驊
行銷業務 黃明雪

發行人 凃玉雲
出版 積木文化
104台北市民生東路二段141號5樓
電話：(02) 2500-7696　傳真：(02) 2500-1953
官方部落格：http://cubepress.com.tw/
讀者服務信箱：service_cube@hmg.com.tw
發行 英屬蓋曼群島商家庭傳媒股份有限公司城邦分公司
台北市民生東路二段141號11樓
讀者服務專線：(02)25007718-9　24小時傳真專線：(02)25001990-1
服務時間：週一至週五上午09:30-12:00、下午13:30-17:00
郵撥：19863813　戶名：書虫股份有限公司
網站：城邦讀書花園　網址：www.cite.com.tw
香港發行所 城邦（香港）出版集團有限公司
香港灣仔駱克道193號東超商業中心1樓
電話：852-25086231　傳真：852-25789337
電子信箱：hkcite@biznetvigator.com
馬新發行所 城邦（馬新）出版集團Cite (M) Sdn Bhd
41, Jalan Radin Anum, Bandar Baru Sri Petaling,
57000 Kuala Lumpur, Malaysia.
電話：603-90578822　傳真：603-90576622
email: cite@cite.com.my

製版印刷 韋懋實業有限公司
封面設計 FE設計 葉馥儀
內頁排版 薛美惠

【印刷版】
2022年8月18日 初版一刷
售價／NT$380
ISBN 978-986-459-425-2
【電子版】
2022年8月
ISBN 978-986-459-426-9（EPUB）
【有聲版】
2022年
ISBN 978-986-459-439-9（mp3）

國家圖書館預行編目資料（CIP）

如果可以早知道,你的人生就不會跌倒！/申榮俊, 朱彥奎著；金鐘和譯. -- 初版. -- 臺北市：積木文化出版：英屬蓋曼群島商家庭傳媒股份有限公司城邦分公司發行, 2022.08
面；　公分. -- (五感生活；70)

譯自：인생 은 실전 이다：아주 작은 날갯짓 의 시작

ISBN 978-986-459-425-2(平裝)

1.CST: 人生哲學 2.CST: 成功法

191.9　　111009518